U0679434

本书系广西教育科学“十三五”规划2016年度广西教育科学重点研究基地重大课题
“‘双创’背景下广西高校人才质量与劳动力市场需求关系的实证研究”（立项编号：2016JD206）成果

“双创”背景下广西高校人才培养与劳动力市场需求关系研究

洪　柳◎著

東北大學出版社
Northeastern University Press
·沈　阳·

图书在版编目（CIP）数据

“双创”背景下广西高校人才培养与劳动力市场需求关系研究 / 洪柳著. -- 沈阳 : 东北大学出版社，2021.4

ISBN 978-7-5517-2654-2

Ⅰ. ①双… Ⅱ. ①洪… Ⅲ. ①高等学校 – 人才培养 – 研究 – 广西②劳动力市场 – 研究 – 广西 Ⅳ. ① G649.2 ② F249.212

中国版本图书馆 CIP 数据核字 (2021) 第 085257 号

出 版 者：东北大学出版社

地址：沈阳市和平区文化路三号巷 11 号
邮编：110819
电话：024-83687331（市场部） 83680267（社务部）
传真：024-83680180（市场部） 83687332（社务部）
网址：http://www.neupress.com
E-mail: neuph@neupress.com

印 刷 者：武汉鑫佳捷印务有限公司
发 行 者：东北大学出版社
幅面尺寸：170 mm × 240 mm
印　　张：14.75
字　　数：200 千字
出版时间：2021 年 4 月第 1 版
印刷时间：2021 年 4 月第 1 次印刷
策划编辑：罗 鑫
责任编辑：杨 坤
责任校对：禹 丹
封面设计：黄 灿
责任出版：唐敏志

ISBN 978-7-5517-2654-2　　　　定 价：120.00 元

前　言

建设创新型国家，关键是培养创新型人才，基础是加强创新创业教育。面对“双创”背景的挑战，高校应明确人才培养的定位，转变人才培养思路，培养创新教育型人才。人才培养质量是一个永恒的主题，也是一个发展的概念。创新创业教育这一国际教育理念的引入，不仅意味着高校人才培养模式的一次全面性、整体性革新，而且会让人们重新审视人才培养质量。为了进一步提高高等教育质量，高等教育应主动适应“双创”的新要求，加强“双创”教育，主动适应创新驱动发展战略的需要，加快广西高校创新体系的建设，促进广西高校人才培养质量的提升，增强广西高校人才培养与劳动力市场需求关系的匹配度。

本书综合运用文献研究法、调查研究法、比较法、多学科综合分析法等，研究广西高校创新创业人才培养与劳动力市场需求的关系。探讨研究的理论基础，梳理研究的相关文献，探究影响高校创新创业人才培养的因素，调查广西高校人才培养与劳动力市场需求现况，通过问卷和访谈收集数据，分析广西高校人才培养与劳动力市场需求关系，结合广西高校人才培养存在的问题，提出广西高校创新创业人才培养与劳动力市场需求有效对接的策略。

创新创业教育与高校人才培养的关系如何？高校人才培养的影响因素有哪些？高校人才培养与劳动力市场需求关系如何？这些学理性问题的解答，不仅对把握创新创业教育的本质和价值并进行合理定位具有重要的理论价值，而且对完善高校人才培养模式、提高高校人才培养质量具有重要的实践价值。本书基于教育学、经济学、社会学、管理学等多学科和多理论的视角，在“双创”背景下，以广西高校人才培养和劳动力市场需求现况为调查基础，通过定性分析和定量分析、规范分析和实证分析相结合的方法，探析广西高校创新创业人才培养与劳动力市场需求关系，探究高校人才培养与劳动力市场供需不匹配的缘由所在，为高校人才培养与劳动力市场需求研究提供实证调查数据，为提升广西高校人才培养质量提供对策建议。

洪　柳

2020 年 10 月

目　录

第一章　导　论

第一节　研究背景与意义

一、研究背景

创新是引领发展的第一动力，是建设现代化经济体系的战略支撑[①]。《国家中长期教育改革和发展规划纲要（2010—2020 年）》提出“加强就业创业教育和就业指导服务”[②]。2010 年，教育部出台《关于大力推进高等学校创新创业教育和大学生自主创业工作的意见》，要求高校创新创业教育要面向全体学生，融入人才培养全过程。要在专业教育基础上，转变

① 中国共产党十九大报告全文（32000 字）［EB/OL］.（2017-10-19）［2020-03-06］. http：//www.sohu.com/a/198869068_345245.

② 中华人民共和国教育部. 国家中长期教育改革和发展规划纲要（2010—2020 年）［EB/OL］.（2010-07-29）［2020-03-28］. http：//www. moe.gov.cn/jyb_xwfb/s6052/moe_838/201008/t20100802_93704.html.

教育思想、更新教育观念，以提升学生的社会责任感、创新精神、创业意识和创业能力为核心，以人才培养模式和课程体系为重点，大力推进高校创新创业教育工作，不断提高人才培养质量[①]。

我国高校创业教育始于1998年，清华大学举办首届"创业计划大赛"，率先为MBA开设了"创新与创业管理"方向，为全校本科生开设了"高新技术创业管理"课程。1999年，第一届中国大学生创业计划大赛在清华大学举办。随后，共青团中央开始组织全国大学生创业计划和课外学术科技作品竞赛。1999年，《面向21世纪教育振兴行动计划》提出"加强对教师和学生的创业教育，采取措施鼓励他们自主创办高新技术企业"[②]。同年，《中共中央国务院关于深化教育改革，全面推进素质教育的决定》公布，指出"高等教育要重视培养大学生的创新能力、实践精神和创业精神"[③]。同年召开第三次全国教育工作会议，强调"要帮助受教育者培养创业意识和创业能力"。2000年和2002年，团中央、中国科协分别在上海交通大学、浙江大学举办了第二届、第三届"挑战杯"中国大学生创业计划竞赛。2002年，教育部确定清华大学、中国人民大学等9所高校为创业教育试点高校。

---

① 中华人民共和国教育部．关于大力推进高等学校创新创业教育和大学生自主创业工作的意见［EB/OL］.（2010–05–13）［2020–03–28］．http：//www.moe.gov.cn/srcsite/A08/s5672/201005/t20100513_120174.html.

② 中华人民共和国教育部．面向21世纪教育振兴行动计划［EB/OL］.（1998–12–14）［2020–6–25］．http://www.cutech.edu.cn/cms/cms/infopub/infopre.jsp?pubtype=D&pubpath=cn&infoid=1179971244796145&templetid=1179125889049788&channelcode=A010213&userId=10002.

③ 中华人民共和国教育部．中共中央国务院关于深化教育改革，全面推进素质教育的决定［EB/OL］．（1999–06–13）［2020–03–15］．http：//www.moe.gov.cn/jyb_sjzl/moe_177/tnull_2478.html.

2012年，党的十八大报告论述了高校创新创业教育改革的实施意见，提出要深化教育领域综合改革，着力提高教育质量，培养学生社会责任感、创新精神、实践能力[①]；同年，教育部办公厅印发了《普通本科学校创业教育教学基本要求（试行）》的通知，要求把创业教育融入人才培养体系，贯穿人才培养全过程，面向全体学生广泛、系统开展。要加大实践教学比重，丰富实践教学内容，改进实践教学方法，激励学生创业实践，增强创业教育教学的开放性、互动性和实效性[②]。2014年，李克强总理首次提出“大众创业、万众创新”战略构想；2015年政府工作报告提出：打造大众创业、万众创新和增加公共产品、公共服务“双引擎”[③]；2015年，国务院办公厅发布了《关于深化高等学校创新创业教育改革的实施意见》，提出把深化高校创新创业教育改革作为推进高等教育综合改革的突破口[④]。2017年，教育部出台了《普通高等学校学生管理规定》，对学生参加创新创业、社会实践活动等可折算学分做了说明，实现创新创业教育与学分对接[⑤]。同

---

① 胡锦涛在中国共产党第十八次全国代表大会上的报告［EB/OL］.（2012-11-18）［2019-12-21］.http：//cpc.people.com.cn/n/2012/1118/c64094-19612151.html.

② 中华人民共和国教育部. 教育部办公厅关于印发《普通本科学校创业教育教学基本要求（试行）》的通知［EB/OL］.（2012-08-01）［2020-03-28］.http：//www.moe.gov.cn/srcsite/A08/s5672/201208/t20120801_140455.html.

③ 新华社政府工作报告（全文）［EB/OL］.（2015-03-16）［2019-11-23］.http：//www.gov.cn/guowuyuan/2015-03/16/content_2835101.htm.

④ 国务院办公厅. 关于深化高等学校创新创业教育改革的实施意见［EB/OL］.（2015-05-04）［2020-01-06］.http：//www.moe.gov.cn/jyb_xxgk/moe_1777/moe_1778/201505/t20150514_188069.html.

⑤ 中华人民共和国教育部. 普通高等学校学生管理规定［EB/OL］.（2017-02-16）［2020-03-16］.http：//www.moe.gov.cn/srcsite/A02/s5911/moe_621/201702/t20170216_296385.html.

年，教育部宣布了200所高校成为深化创新创业教育改革示范高校[①②]。广西大学、桂林电子科技大学、广西财经学院、桂林理工大学、广西师范大学、南宁师范大学6所高校入围全国创新创业示范高校。

创新是引领发展的第一动力，是建设现代化经济体系的战略支撑，要加强国家创新体系建设，强化战略科技力量，加强对中小企业创新的支持，促进科技成果转化。

党的十九大报告中提出要加快建设创新型国家。创新创业教育是时代发展的主旋律。建设创新型国家，关键是培养创新型人才，基础是加强创新创业教育。创新创业教育的质量和水平与创新型人才的培养和创新型国家的建设密不可分。把创新创业教育与专业教育、人才培养体系相融合，提升大学生创新创业能力、实践能力和职业发展能力是高校深化改革，培养创新型人才的重要途径[③]。

创新创业教育是以培养大学生创新创业意识、创业精神、创新创业素质为目标的一种全新的教育理念和创新型人才培养模式的教育实践活动。加强高校创新创业教育，培养大学生创新创业能力是现代教育的重要内容[④]。在高校开展创新创业教育，是深化高等教育教学改革，培养学

---

① 教育部办公厅．关于公布首批深化创新创业教育改革示范高校名单的通知［EB/OL］.（2017-01-22）［2019-12-29］.http：//www.moe.gov.cn/srcsite/A08/s5672/201702/t20170216_296445.html.

② 教育部办公厅．关于公布第二批深化创新创业教育改革示范高校名单的通知［EB/OL］.（2017-07-24）［2020-01-02］.http：//www.moe.gov.cn/srcsite/A08/s5672/201708/t20170802_310550.html

③ 洪柳．创新创业教育改革背景下广西高校公共事业管理专业人才培养现状研究［J］．世界教育信息，2018，31（6）：29-35.

④ 洪柳．创新创业视域下高校实践教学体系改革研究：以公共事业管理专业为例［J］．继续教育，2018，32（5）：67-70.

生创新精神的重要途径，是落实以创业带动就业，促进大学生自我发展的有效途径，是促进高校毕业生充分就业，不断提升大学生就业竞争力和可持续发展潜力的重要举措。高校要为大学生提供创新创业教育平台，创建创新创业教育体系，广泛开展创新创业实践活动，强化创新创业能力训练，提升学生创新创业能力，培养具有创新创业精神和创业能力的高素质人才。

教育与劳动力市场的关系一直是教育经济学学科十分重要的研究课题。人力资本理论首次将人力资本与物力资本分开、劳动力的质量与数量分开，在实证研究的基础上论证了可以提高人的认知能力和配置能力的教育，在提高人的就业能力、促进职业变迁等方面都会产生积极的影响。

大学毕业生供需双方的互动，是高等教育与劳动力市场的互动。同时，高等教育与社会经济发展需求的互动关系，实质上是由劳动力市场加以调节的。就业是民生之根本，是经济的根本，就业数量和质量是经济发展的源泉，因此，在外部环境既定的情况下，教育与经济之间的关系在一定程度上是教育与劳动力市场的关系。只有具备良好数量、质量的劳动力供给，在一定的配置机制下，完成与需求的匹配才能转化为推动经济发展的生产力。

综观国内外高等教育人才培养与劳动力市场需求状况，大学教育与劳动力市场需求出现了不匹配的矛盾。关于高校人才培养与劳动力市场需求关系的现有国内外文献，主要研究内容有：教育内容、学历层次与劳动力市场需求的匹配关系（G.J.Duncan，S.D.Hoffman，1981；Joop Hartog，2000）；我国高校扩招对大学生就业影响的分析[①]；提升本科生就业能力

① 邢志杰．我国高校扩招对大学生就业影响的分析［J］．民办教育研究，2003（6）：83-86，108.

与本科教育改革研究①；对口与适应——高校人才培养与劳动力市场的两种关系模式②；分割劳动力市场与高校毕业生失业③；高校毕业生就业市场中的"歧视效应"分析④；大学教育质量、大学教育的社会适应性和自然适应性与劳动力市场需求匹配关系（潘懋元，肖海涛，2008）；新疆普通高校大学生就业的市场需求结构分析⑤；高等教育科类结构发展的动因探析——以福建省高校为例⑥；关于构筑劳动力市场有效需求的几点思考⑦；大学教育与劳动力市场需求匹配关系研究⑧；美国劳动力市场对高校毕业生的长期需求分析⑨；高校毕业生就业中的市场需求因素⑩；高职教育与劳动力市场需求协调发展研究⑪；我国高校人才培养和劳动力市场

---

① 李海芬. 提升本科生就业能力与本科教育改革［J］. 高教探索，2004（4）：92-94.

② 谢维和. 对口与适应：高校人才培养与劳动力市场的两种关系模式［J］. 北京大学教育评论，2004（4）：9-11.

③ 刘帆. 分割劳动力市场与高校毕业生失业［J］. 青年研究，2006（2）：1-7.

④ 曾广录. 高校毕业生就业市场中的"歧视效应"分析［J］. 湖南人文科技学院学报，2006（2）：52-55.

⑤ 王冬梅，蔡文伯. 新疆普通高校大学生就业的市场需求结构分析［J］. 经济研究导刊，2008（17）：219-221.

⑥ 管弦. 高等教育科类结构发展的动因探析：以福建省高校为例［J］. 理工高教研究，2008（3）：28-30.

⑦ 章江. 关于构筑劳动力市场有效需求的几点思考［J］. 中国集体经济，2009（21）：128-129.

⑧ 张苏，李东，曾庆宝. 大学教育与劳动力市场需求匹配关系研究［J］. 管理世界，2010（10）：180-181.

⑨ 程晋宽. 美国劳动力市场对高校毕业生的长期需求分析［J］. 比较教育研究，2010，32（9）：66-71.

⑩ 杨伟国. 高校毕业生就业中的市场需求因素［J］. 中国大学生就业，2010（S1）：18-21.

⑪ 王全旺. 高职教育与劳动力市场需求协调发展研究：以天津为例［D］. 天津：天津大学，2010.

需求的非均衡研究[1]；高校人才培养与劳动力市场需求对接问题研究[2]；我国高等院校扩招的现状、问题及思考[3]；从教育经济学的视角探析高文凭现象[4]；我国高等教育与劳动力市场均衡研究述评[5]；基于劳动力市场需求的高校经济管理类本科毕业生就业能力的研究[6]；高校毕业生就业促进的策略探析——基于企业劳动力需求特征的视角[7]；我国博士生培养与劳动力市场需求的冲突与调适——基于博士生就业期望的调查研究[8]；知识生产模式转变下学术型博士生培养模式变革研究[9]；劳动力市场需求非均衡理论下高校就业策略[10]；促进高职教育与劳动力市场需求协调发展的

---

① 肖鹏燕．我国高校人才培养和劳动力市场需求的非均衡研究［D］．北京：首都经济贸易大学，2011.

② 刘华凤，何显辉．高校人才培养与劳动力市场需求对接问题研究［J］．学理论，2012（17）：219–220.

③ 洪柳．我国高等院校扩招的现状、问题及思考［J］．江西教育学院学报，2012，33（4）：50–52.

④ 洪柳．从教育经济学的视角探析高文凭现象［J］．成人教育，2012，32（12）：90–91.

⑤ 解海美．我国高等教育与劳动力市场均衡研究述评［J］．安徽文学，2014（20）：138–139，147.

⑥ 张晓娟．基于劳动力市场需求的高校经济管理类本科毕业生就业能力的研究［J］．教育教学论坛，2014（1）：219–220.

⑦ 刘升忠．高校毕业生就业促进的策略探析：基于企业劳动力需求特征的视角［J］．中国大学生就业，2014（20）：18–22.

⑧ 罗英姿，顾剑秀．我国博士生培养与劳动力市场需求的冲突与调适：基于博士生就业期望的调查研究［J］．学位与研究生教育，2015（10）：53–58.

⑨ 顾剑秀．知识生产模式转变下学术型博士生培养模式变革研究［D］．南京：南京农业大学，2015.

⑩ 付嫦娥，李娜．劳动力市场需求非均衡理论下高校就业策略［J］．长沙理工大学学报（社会科学版），2016，31（6）：90–93，103.

政策研究[①]；基于就业市场需求的学生就业精准对接探索研究[②]；高职教育发展与劳动力市场需求适应性研究[③]； 经济新常态下地方高校以就业市场为导向的人才培养改革[④]；本科毕业生就业能力供需失衡问题及对策——基于供给侧改革的视角[⑤]；供给侧改革视域下高校大学生就业服务体系策略探究——以上海交通大学医学院为例[⑥]。

二、研究意义

知识经济时代，国家提出创新型国家的建设目标，其首要任务是培养创新型人才，但与之相对的大学生就业难已成为一种社会性问题。培养大学生的创新创业意识，将创新创业与就业两者有机结合，提升高校人才培养质量，更有助于完成国家创新型人才培养计划，更好地促进大学生就业和创业。因此，在"双创"背景下研究高校人才培养质量与劳动力市场需求关系的问题，具有很重要的理论研究意义和现实意义。

高等教育与劳动力市场之间的关系，从经济学的角度分析，其本质是

---

① 彭玮. 促进高职教育与劳动力市场需求协调发展的政策研究［D］. 广州：暨南大学，2016.

② 王浩，侯登凯，罗胤，等. 基于就业市场需求的学生就业精准对接探索研究［J］. 智库时代，2017（11）：219–220.

③ 李丹丹. 高职教育发展与劳动力市场需求适应性研究：以江西省为例［D］. 南昌：江西农业大学，2018.

④ 孙敬和，王玉婧. 经济新常态下地方高校以就业市场为导向的人才培养改革［J］. 高教学刊，2018（23）：160–162.

⑤ 宋齐明. 本科毕业生就业能力供需失衡问题及对策：基于供给侧改革的视角［J］. 现代教育管理，2018（4）：106–111.

⑥ 陈莉，陈燕. 供给侧改革视域下高校大学生就业服务体系策略探究：以上海交通大学医学院为例［J］. 生涯发展教育研究，2020，22（2）：43–51.

供给和劳动力市场需求二者之间的匹配关系。这个问题是高等教育供求关系的一部分。大学毕业生劳动力市场的供需关系、供需过程、供需结果与高校人才培养过程紧密相关。要破解广西高等教育和大学毕业生劳动力市场面临的困境和挑战，需要的不仅仅是就大学毕业生劳动力市场的供需现象、原因的分析，而更多地需要考虑对决定供给质量、数量，且结构上起很大作用的高校人才培养质量与劳动力市场需求之间的关系。在“双创”背景下，本研究尝试建立新的视角，探究广西高校人才培养与劳动力市场需求的关系，建构学界割裂而谈的高校人才培养质量和劳动力市场需求这两个问题的框架，具有很重要的理论意义。在实践上，开展调查实证研究，分析广西高校人才培养和劳动力市场需求之间的关系和影响因素，具有很重要的现实意义和实践作用。

第二节 研究价值与目标

一、研究价值

创新创业教育与高校人才培养的关系如何？高校人才培养的影响因素有哪些？高校人才培养与劳动力市场需求关系如何？这些学理性问题的解答，不仅对于把握创新创业教育的本质和价值、进行合理定位具有重要的理论价值，而且对于完善高校人才培养模式，提高高校人才培养质量具有重要的实践价值。本书基于教育学、经济学、社会学等多学科和多理论的视角，在“双创”背景下，以广西高校人才培养和劳动力市场需求现况为调查基础，通过定性分析和定量分析、规范分析和实证分析相结合的方法，探析广西高校创新创业人才培养与劳动力市场需求关系，探究高校人才培养与劳动力市场供需不匹配的缘由所在，为高校人才培养与劳动力市场需求研究提供第一手调查数据及相应的依据，为提升广西高校人才培养质量提供对策建议。

二、研究目标

在“双创”背景下，为了能认识和了解广西高校人才培养与劳动力市场需求关系，总结广西高校在人才培养与劳动力市场对接方面的经验和不足，为广西高等教育今后的改革和发展提出建议，为增强广西高校人才培养质量与劳动力市场需求关系的匹配度、为广西高校人才培养质量的提升和保障以及教育决策提供相应的依据。本书在对广西高校人才培养现状和广西大学生劳动力市场需求现状进行调查研究的基础上，拟运用人力资本理论、劳动力市场分割理论、创新理论分析影响广西高校人才培养的因素以及影响广西高校劳动力市场需求关系的因素，运用调查实证分析的方法探析影响广西高校人才培养与劳动力市场需求关系。

第三节　内容结构

本书共分为九章。

第一章“导论”阐述了研究的背景与意义、研究价值与目标、研究内容、研究思路与方法及创新之处。

第二章“理论基础”阐述了研究的理论基础：人力资本理论、劳动力市场分割理论、创新理论。

第三章“文献综述”主要对创新创业教育、高等教育、高校人才培养及其与劳动力市场需求的关系进行了相关文献研究与回顾。

第四章“高校创新创业教育探析”研究和分析了国外高校创新创业教育人才培养模式与经验、国外高校创新创业教育特点、我国高校创新创业教育影响因素。

第五章“广西高校创新创业教育人才培养现况调查”编制研究工具，设计相关的调查问卷。调查广西区域内多所高校，了解广西高校人才培养的现状，分析广西高校创新创业人才培养存在的问题。本章对广西高校创新创业教育人才培养现况调查样本和调查结果进行了研究与分析。

第六章“广西劳动力市场需求分析”分析了广西经济产业结构和劳动力市场需求调查情况。

第七章“高校创新创业人才培养与劳动力市场需求关系分析”分析了高校人才培养与劳动力市场需求不匹配的主要问题及广西高校创新创业人才培养与劳动力市场需求关系。

第八章“广西高校创新创业人才培养与劳动力市场需求关系访谈”对广西高校在校大学生开展了关于创新创业教育看法和建议、关于高校在人才培养方面的现存问题、关于专业教育与劳动力市场关系、关于劳动力市场需求、关于大学期间获取证书的访谈。

第九章“广西高校人才培养与劳动力市场需求对接策略”主要围绕高校创新创业人才培养与劳动力市场需求关系，对广西高校创新创业人才培养与劳动力市场需求对接提出应对策略。

第四节　研究思路与方法

一、研究思路

本研究首先将对有关创新创业教育、高等教育、高校人才培养、劳动力市场需求等方面的文献进行理论梳理和研究，试图应用教育学、经济学、社会学、教育经济学等多学科研究的方法，探析“双创”背景下广西高校人才培养与劳动力市场需求的关系。在对广西高校人才培养现状、问题和广西大学生劳动力市场需求现状、问题进行调查研究的基础上，拟运用人力资本理论、劳动力市场分割理论、创新理论分析影响广西高校人才培养的因素及影响广西高校劳动力市场需求关系的因素，运用调查实证研究法分析广西高校人才培养与劳动力市场需求关系，为广西高校人才培养质量的提升和保障以及为教育决策提供依据。

二、研究方法

本研究主要采用文献研究法、调查研究法、个案研究法、比较法、多学科综合分析法等科学研究方法。本书的研究主题涵盖多学科论题，涉及教育学、经济学、管理学、政治学、社会学等学科。本书拟从多学科的角度，对高校创新创业教育、高等教育、高校人才培养与劳动力市场需求关系进行思考、分析与探索。创新创业教育与专业教育的融合问题既是一个理论问题，又是一个现实热点问题。“双创”背景下高校人才培养与劳动力市场需求关系研究具有很强的理论和实践研究意义、作用和价值。本研究的主要研究方法有以下几种。

（一）文献研究法

通过查阅大量相关国内外文献，收集有关创新创业教育、高等教育、高校人才培养、劳动力市场需求等相关文献资料；对文献资料和信息资源进行整理，了解高校“双创”教育、高等教育、高校人才培养与劳动力市场需求以及广西劳动力市场需求信息的情况，分析“双创”背景下广西高校人才与劳动力市场需求关系。

（二）调查研究法

调查广西区域内的高校，了解和掌握广西高校人才培养现状和问题及广西大学生劳动力市场需求现状和问题，分析广西高校人才培养与劳动力市场需求关系。

（三）比较法

运用比较法研究国内外高校人才培养与劳动力市场需求的关系，进行比较分析，寻求对方法、问题、原因的判断和解释，并提出应对的措施和策略。

（四）多学科综合分析法

“双创”背景下广西高校人才培养与劳动力市场需求关系研究不是一个学科能涵盖并能妥善处理好的热点问题。探究高校人才培养与劳动力市场需求关系需要融合经济学、管理学、政治学、教育学、社会学等学科知识，跨越单一学科研究角度的局限，进行多学科综合研究。所以多学科综合分析法是“双创”背景下广西高校人才培养与劳动力市场需求关系问题研究的必然选择。本书正是基于这种考虑，在探讨“双创”背景下广西高校人才培养与劳动力市场需求关系研究问题时，从政治、历史、社会、文

化、经济发展等方面入手，抓住多学科知识在该领域碰撞的交汇点，分析、透视和把握研究问题的实质。

第五节　创新之处

（1）本书尝试建立新的视角，在“双创”背景下，探究广西高校人才培养与劳动力市场需求的关系，建构学界割裂而谈的高校人才培养质量和劳动力市场需求这两个问题的框架。

（2）结合经济学研究供求的分析思路，阐释在高校人才培养和劳动力市场需求这一新的供求系统的关系和特点。

（3）高校人才培养和劳动力市场需求关系的研究，学界有研究者对这一问题进行过探讨，但是系统的从理论到实证的研究甚少。本书运用第一手调查数据，分析广西高校人才培养与劳动力市场需求关系。

第二章　理论基础

本章从人力资本理论、劳动力市场分割理论、创新理论的视角阐述了研究的理论基础。

第一节　人力资本理论

人力资本理论是现代西方经济学的一个理论派别。它产生于20世纪50年代中期，盛行于60年代，70年代以后有了新的发展。人力资本理论认为，经济发展主要取决于人的质量，教育是提高人力资本最有效投资。教育投资是人力资本的核心。受教育越多的人，创造高收入的机会就越多。教育作为一种投资的观念已经深入人心，在知识经济时代，只有通过教育投资，获取知识和技能，才能增加个体的经济收益。教育对经济增长具有重大贡献；教育投资是人力资本投资的核心，比物质资本投资更有利，回报率更高；教育有助于提高人的劳动生产力，提高国民收入；随着科技迅猛发展、经济发展、社会生产力发展，现代国家管理越来越依赖于受过良好教育的高层次人才。人力资本理论的主要贡献在于：发现了教育培训与个人收入水平的关系，进而建立了人力资本收益率模型；将人力投资划分为教育投资和培训两个变量，并建立了个人收入和两个变量之间的函数关系；发现了人力资源投入的生产性质即人力资源投入不仅仅是消费，也是投资。

人力资本是现代经济增长和发展的决定因素，人力资本对于经济增长的作用，随着知识经济时代的到来已经变得越来越重要。经济增长是经济学家们所关心的核心问题。古典经济学家的著作中没有提及持续的经济增长，但是古典经济学大师充分注意到了人在经济增长中的作用。人力资本（human capital）思想最早可以追溯到1676年威廉·配第（William Petty）的《政治算术》。配第认为，“土地是财富之母，劳动是财富之父”，人的经济价值来源于人的劳动能力。由于受所处时代的局限以及各自研究目的的影响，古典经济学家们都未能专门集中地论述人力资本及其相关问题，而仅仅是人力资本思想的最初萌芽。奠定现代人力资本理论成为经济学一个重要流派的则是美国著名经济学家、1979年诺贝尔经济学奖获得者西奥多·W.舒尔茨（T.W.Schultz）。

舒尔茨于20世纪50年代开始研究人力资本理论，1959年发表《人力资本投资》，1960年在就任美国经济学会主席演讲时提出：“人们获得了有用的技能和知识……这些技能和知识是一种资本形态，这种资本在很大程度上是慎重投资的结果……用于教育、卫生保健和旨在获得较好工作出路的国内迁移的直接开支就是（人力资本投资的）明显例证。”舒尔茨认为，完整的资本概念应该包括物力资本和人力资本两个方面。前者体现在物质产品上，后者则附于劳动者身上，体现为凝聚在劳动者身上的知识和技能。舒尔茨强调，人力资本和物力资本在投资收益上是有差别的，人力资本的收益高于物力资本的收益率；教育是人力资本形成的主要来源。1962 年，美国经济学家爱德华·丹尼森在《美国经济增长因素与我们面临的选择》中对 1929—1959 年美国经济增长源泉进行实证分析得出，美国年增长率的 23% 要单独归因于这期间美国教育的发展，这有力地证明了舒尔茨提出的人力资本理论。

最终将人力资本理论从具体发展到抽象理论水平的，是美国另一位经济学家、1992 年诺贝尔经济学奖得主加里·S. 贝克尔（G.S.Becker）。贝克尔 1962 年发表了《人力资本投资—— 一种理论分析》、1964 年发表了《人力资本——特别关于教育的理论与经验分析》，后者被人们视为“积极思想中的人力资本投资革命”，成为现代人力资本理论最终确立的标志。这样，舒尔茨和贝克尔一起被公认为现代人力资本理论的创始人。自从舒尔茨提出现代人力资本的概念后，人力资本理论迅速发展成为经济学的一个重要分支。同时，人力资本理论被认为是教育经济学的理论基础。

哈罗德 - 多马模型（Harrod-Domar model）是经济增长理论中的经典模型，它奠定了现代经济增长理论的基本框架。哈罗德和多马分别提出了发展经济学中著名的经济增长模型。1948 年英国经济学家哈罗德在《动态经济学导论》一书中，系统地提出了他的增长模型。哈罗德将人力资本外生化，把人力资本看作经济增长的外生变量，他强调企业家的预期在经济增长中的重要作用，企业家预期的资本产出比与实际的资本产出比的差距，将造成经济发生大起大落的波动，使经济持续稳定的增长无法维持。20 世纪 40 年代中期，美国经济学家多马在《扩张与就业》《资本扩张、增长率和就业》《资本积累问题》等论文中独立地提出了与哈罗德模型基本相似的增长模型和相似的主要结论，人们习惯地将这两个模型合称为哈罗德 - 多马模型。

新古典派（Neo-classical）经济增长模型由于索洛的开创性工作而被称为索洛模型，直到现在该模型仍然是经济增长理论中不可或缺的内容。在索洛模型中，对经济总体的增长贡献被设定为由劳动、资本和技术进步三者组成。索洛将人力资本内生化，强调经济增长不是外部力量，而是经济体系的内部力量作用的产物，把技术进步视为某种外生的冲击。新古典经济增长模型对哈罗德－多马模型进行了修正，它放弃了哈罗德－多马模型中关于资本和劳动力不可替代及不存在技术进步的假设，重新提出了自己的前提条件。并在此条件下得出结论，建立了新经济增长模型。新古典经济增长理论是以资本为基础的经济增长理论，着重建立了物质资本和人力资本模型，强调了技术的重要性，但并没有将技术包含在模型之中，认为技术是“天赐神物”，以一个外生的固定的比率增长。新古典经济增长理论把对生产有着决定作用的技术视为外生变量,这是其理论上的重大缺陷。

20世纪80年代以来，以罗默、卢卡斯等人为代表的一批经济学家摒弃了新古典经济增长理论的核心假设，在重新思考了新古典经济增长理论的基础上，提出了一套全新的以“内生技术变化”为核心的经济增长与发展的思想，探讨了长期增长的可能前景，重新引起了人们对经济增长理论和问题的兴趣，新经济增长理论是在弥补新古典经济增长理论缺陷的基础上发展而来的。

1986年，罗默在《收益递增经济增长模型》中提出了内生经济增长模型，他认为知识和技术研发是经济增长的源泉。罗默对创新和经济增长的关系进行了研究，他认为创新与商品有着截然不同的内在特性，这种特性就是它的非竞争性，即创新不会被创新厂商所专用，其他厂商也会从技术外溢中受益；创新对厂商要素积累的报酬是不变的，但对整个国家的全要素积累的报酬却是递增的。罗默将创新的这些独特的属性纳入其经济增长模型中，新经济增长理论由此而产生。

卢卡斯将人力资本引入索洛模型，视其为索洛模型中“技术进步”的另一种增长动力形式，视人力资本积累为经济长期增长的决定性因素，并使之内生化。卢卡斯于1985年发表《经济发展的机制》，建立宏观模型，并分析在经济中人力资本的形成和积累对产出增长的贡献。卢卡斯将人力资本作为一个独立的因素引入经济增长模型，运用更加微观化的方法把舒尔茨的人力资本概念和索洛的技术进步概念具体化为“每个人”“专业化”的人力资本。卢卡斯模式强调人力资本是“增长的发动机”。人力资本是劳动者的技能水平，它可以通过专门学习获得，也可以在边干边学过程中不断积累。正是这种不断增长的专业化的人力资本才能促进产出的长期增长。卢卡斯还引入人力资本外部效应，即“全社会劳动力的人力资本平均水平”。他认为人力资本具有内在效应和外在效应，前者指人力资本收益给个人或家庭带来的增值；后者会从一个人扩散到另一个人身上，从旧产品传递到新产品，从家庭的旧成员传递到新成员，进而使产出具有递增收益。而正是这种源于人力资本外在效应的递增收益，使人力资本成为增长的发动机。西方发达国家经济增长也已充分证明，推动经济增长最为重要的因素是人力资本。

资本积累解释不了长期经济增长，以罗默为代表的内生经济增长模型就从技术进步入手，强调知识积累和发明创造。与索罗模型不同的是，内生经济增长模型不再把技术进步、知识积累看作神秘的外部力量，而是经济增长本身的结果，同时是促进经济增长的主要力量。内生增长理论包括“要素投入的内生增长”和“技术进步的内生增长”。后者又包括“报酬递增生产函数”“人力资本”“干中学”“创新”等类型。人力资本思想在新经济增长理论中得到充分的体现。新经济增长理论将人力资本理论又推向了一个新的高度。

第二节　劳动力市场分割理论

劳动力市场分割（labor market segmentation，LMS）是指由于政治、经济等外在的制度因素或者经济内生因素的制约，使劳动力市场划分为两个或多个具有不同特征和不同运行规则的领域（segmentation），不同的领域在工资决定机制、工作稳定性、劳动者获得提升的机会等方面有明显的区别，而且劳动者很难在不同的市场之间流动[①]。

系统的劳动力市场分割理论产生于20世纪60年代，当时一些学者放弃了主流经济学完全竞争劳动力市场的假定，强调劳动力市场的分割属性，强调制度和社会性因素对劳动报酬和就业的重要影响。劳动力市场分割实际上是对劳动力市场的非竞争性的一种表述。与商品市场相比，劳动力市场具有更多的非竞争性，原因在于：首先，劳动力作为一种生产要素，具有派生需求（derived demand）和联合需求（joint demand）的特点，与商品市场及其他生产要素市场有着密切的联系，劳动力的需求数量和需求结构要受制于产品市场和其他要素市场。其次，劳动资源具有非同质性，不同的劳动者其技能结构、经济结构、劳动效率有明显的不同。第三，劳动力的流动除了涉及流动的成本与收益等经济因素，还与很多复杂的社会和心理因素有关，因而劳动力在不同的地区之间、职业之间、行业之间及企业之间的流动会遇到更多的阻力。最后，劳动力市场信息不完全。正是因为上述原因，劳动力市场呈现出非竞争性的特点。劳动力市场分割就是这种

① 徐林清．中国劳动力市场分割问题研究［M］．北京：经济科学出版社，2006：4.

非竞争性的表现。

20世纪70年代，在劳动经济学领域出现了内部劳动力市场（ILM）和外部劳动力市场（ELM）的概念（Dunlop，1955）。经济学家们看到了劳动力市场分割给社会和市场带来的负面性（Kerr，1950），也意识到了人力资本理论与道德人伦有相冲突的一面（Cain，1976），提出了古典经济学的理性经济人假设，而对于劳动力市场上的行为分析尚有欠缺，还应考虑到道德、法律、心理等综合因素，在适当的时候需要综合运用人类学和社会学等分析方法。

有关劳动力市场的主流思想是新古典经济学理论。新古典经济学家认为，劳动力市场是可以由价格机制实现充分调节的统一体。劳动力的买卖双方在这里平等地进行交换。虽然新古典经济学在一定程度上摒弃了古典经济学关于完全竞争劳动力市场的一些假设，但是仍然假定市场主体都是追求利润最大化或效用最大化的理性行为者，工资可以使劳动力的供求实现平衡。从20世纪60年代初开始，以舒尔茨（T.W.Schultz）和贝克尔（G.S.Becker）等为代表的经济学家提出了人力资本的思想，其基本前提是，个人可以进行有目的的人力资本投资，通过人力资本投资既能够取得较高的生产率，也能够给投资者带来较高的预期收入。这些经典的理论一直是劳动经济学中的主干内容，并用于解释劳动力市场运行中的大部分现象。

但从20世纪中期开始，一些经济学者对这些经典理论的解释力提出了质疑。美国经济学家R.A.Lester（1948）和L.C.Reynolds（1951）在研究工资级差及其与劳动力市场结构的关系时指出，传统的工资理论与厂商理论的局限性，为人们从新的视角去探索劳动力市场问题提供了重要启示。1954年，美国经济学家Clark Kerr发表了一篇探讨劳动力市场分割问题的文章，这篇文章将劳动力市场的非竞争性问题追溯到了英国古典经济学家

J.S. 穆勒和凯尔恩斯（J.E.Caimes），将劳动力市场划分为内部劳动力市场和外部劳动力市场，认为现实中的工资差别是劳动力市场分割的结果，从而最早提出了有关劳动力市场分割以及企业内部劳动力市场的思想。

到 20 世纪 60 年代末，美国经济学家彼得·多林格尔（P.Doeringer）和迈克尔·皮奥里（M.Piore）对波士顿的低工资群体进行了研究，发现很难用竞争理论和人力资本理论来说明那些高工资群体和低工资群体及失业者之间的区别，从而提出了双元结构劳动力市场模型，成为早期劳动力市场分割理论的典型代表。1971 年，多林格尔和皮奥里的著作《内部劳动力市场和人力资本分析》正式出版，这是劳动力市场分割理论的一部标志性著作，他们在此书中提出了 ILM 理论，书中提出：劳动力市场有内部劳动力市场和外部劳动力市场两类。在内部劳动力市场上，工人的工资水平高，工作条件优越，就业稳定，工人有接受培训的机会和升迁的机会；内部劳动力市场配置资源的主要依据是内部的各种制度和政策。在外部劳动力市场上，工人的工资水平较低，工作条件较差，就业不稳定，而且缺乏升迁机会。外部劳动力市场完全由市场机制决定，劳动力的使用、价格等都严格受到市场供求关系的影响。内部劳动力市场的招聘制度不仅决定其本身岗位与求职者的匹配过程，还深刻影响到两个市场之间的劳动力流动。两个劳动力市场有着不同的运行机制。其中外部劳动力市场可以认为是一个竞争的市场，工资趋于均衡的水平，劳动力的供求在较大程度上受到工资的调节。但是内部劳动力市场的运行机制却要复杂得多，劳动力的价格和数量由一整套管理规则和程序调节，总体工资水平一般要高于均衡水平，而且一个劳动者一旦进入了这个市场，他便会享有“内部人”的种种特权，并避免来自“外部人”的竞争。在这两个市场之间，劳动者的流动性是十分有限的，内部劳动力市场的劳动者宁愿失业也不愿到外部劳动力市场就业，而外部劳动力市场的劳动者也会因为长期以来形成的诸如消极、偷懒等不良的工作习惯而不被内部劳动力市场接纳。说明内部劳动力市场和外部劳动力市场是具有相对独立性的，内部劳动力市场的工作稳定性较强，而外部劳动力市场的工作灵活性较强，二者之间流动困难，同时两级市场的工资决定机制也有明显差异（Leontaridi，1998）。此后，多林格尔和皮奥里将理论进一步深化，认为两级市场的较大差异类似于宏观经济发展中的两个部门，于是提出了“二元劳动力市场分割理论”，即 DLM 理论，来解释劳动力市场分割现象。

二元劳动力市场分割理论的基本观点是：第一，劳动者就业的市场可以分为主要部门和次要部门。第二，主要部门由大量具有内部劳动力市场的企业组成，工人的收入和福利制度完全由企业内部设计，收入和福利待遇较高，有更多的培训和提升机会，各种制度较完备，雇主更愿意用更高的工资留住人才，因此工作稳定性较强，教育收益率高。第三，次要部门主要由内部劳动力市场以外的企业和机构组成，工资和收入的高低依劳动力市场供求状况决定，相对而言，收入较低，社会福利较差甚至没有，能接受培训的机会很少，晋升机会也不多，企业也不注重员工的连续性，工作灵活性非常强，教育收益率在这些部门非常低。第四，两级部门或市场之间的流动性非常弱，主要部门中的劳动者没有动力向下流动，次要部门中的劳动力虽然有强烈的向上流动欲望，但市场机制和次要部门较差的环境使得他们几乎不可能向上流动，由于工作缺乏稳定性，他们常常在次要部门内部流动就业，或者常伴有失业、待业状态[①]。

这种劳动力市场分割理论提出后，由于其对低工资现象较好的解释力

① 田晓青 . 教育与劳动力市场分割［M］. 北京：经济科学出版社，2018：19-24.

及其对劳动力市场结构的合理分析，引起了广泛的注意。LMS 理论被认为颇具新意，首先，它认为在劳动力市场上一个人往往是因为从事了不同的工作而领取了不同的工资，而并不取决于其素质高低；其次，它认为产品市场对劳动力市场具有决定意义，如果产品市场上供大于求，则劳动力市场发挥的作用只是产品市场的从属特征；第三，LMS 理论将偏好及公共政策看成内生变量，部分人长期滞留次要劳动力市场的原因是他们在社会上的从属地位（迈克纳勃，1990）。

但是，劳动力市场分割理论产生后收到了更多的来自传统经济学家的诘难。批评主要来自两个方面：一是认为它的主要论点并没有得到充分的经验数据的支持；二是认为它主要是描述性的，而不是解释性的，是对劳动力市场部门的分类，而不是对其进行深入的分析（霍夫曼，1986）。针对来自传统理论的批判，一些学者利用新的理论工具和数据对劳动力市场进行研究，弥补了早期 LMS 理论的种种缺陷，这些领域的最新成果重新引起了经济学界的关注。其中有代表性的是工资决定的议价机制和效率工资理论（Simith et al，1997）。这种理论开始时是用来说明主要劳动力市场的工资的非竞争性，后来经济学家又以这种理论为基础，对劳动力市场的非出清和大规模的非自愿失业现象进行了分析。他们认为，次要劳动力市场是内生的，劳动力市场分割不是由于制度的因素外生给定的，而是由内在的经济因素决定的。

对于内部劳动力市场和外部劳动力市场上劳动者缺乏流动的现象，现代 LMS 理论也作出了分析。他们认为，高技能的劳动者一旦在内部劳动力市场失业，他们宁愿保持失业状态，也不愿意到次要劳动力市场就业。因为在哪个市场寻找工作实际上也可以起到信号示意的作用，厂商有理由相信，宁愿留在内部劳动力市场失业也不到外部劳动力市场寻找工作的劳动者其生产效率较高，而外部劳动力市场的求职者生产效率较低。劳动力市场信号示意和信号甄别模型解释了自愿失业、公开失业和岗位空缺的现象。

劳动力市场分割理论开始时是用于分析低收入阶层就业困境和社会中特有的边缘群体问题，但现代劳动力市场分割理论作为一种理论框架被广泛地用于分析国家各类劳动力市场的结构和功能。特别是将这种理论与正规就业和非正规就业理论、劳动力市场灵活性分析（Rosenberg，1989）等结合起来，大大拓展了其应用领域。

劳动力市场分割即使在成熟的市场经济国家都是大量存在的。在中国，由于传统体制的影响，劳动力市场分割的情况更加严重，例如城乡之间、不同所有制之间、本地劳动力与外地劳动力之间、在业劳动力和新进入劳动力市场的劳动力之间、不同性别的劳动者之间，在劳动条件、劳动收入、晋升机会、劳动福利等方面都有很大的差异。

劳动力市场分割理论是分析中国劳动力市场运作过程中所存在问题的一把钥匙。在中国，劳动力市场分割会带来什么影响，其与产出、就业、公平分配之间是一种什么关系，非常值得从理论上作出分析与回答。一般的估计是，劳动力市场分割直接制约人力资本的积累，各种生产要素无法进行最优配置，产出的增长和就业的增长也将由此受到阻滞，同时由于特定的劳动者垄断了少数优越的岗位，劳动者在不同的市场上不能流动，从而造成收入分配差距的拉大。如果劳动力市场分割对人力资本积累、产出、就业、公平分配的负面影响可能得到证明，那么又应当如何将分割的劳动力市场整合成一个统一的劳动力市场，提高市场的可竞争性，使劳动力市场稳定有序地运作，从而促进经济增长和社会公平，都是很有现实意义的课题。

从分割的角度考察劳动力市场。经济学的研究越来越注意到这样一个事实：劳动力作为一种生产要素并非同质（相同的人力资本特征）的，即便是同质的劳动力，也不能够自由地相互置换，或者说，劳动力市场远非统一的和完全竞争的市场，劳动者并不能够像传统经济学假定的那样可以完全自由地进出各种劳动力市场，他们的市场行为除了会受到来自其他劳动者的影响外，还要受到其他非竞争性因素的制约，这种非竞争性因素即劳动力市场分割。劳动力市场分割是对竞争的否定和对市场功能的削弱。劳动力市场分割的事实并不完全依赖于经济制度和产业特征。在不同制度和不同发展阶段的国家都可以找到明显的劳动力市场分割现象。较早的一些经济学家主要是对这种分割现象进行验证，而后来的经济学家则更倾向于寻找这种分割的内在原因及其存在的意义和影响。

中国从 20 世纪 80 年代初开始就有学者对劳动力市场的非竞争性进行研究，后来随着经济体制改革的深化，劳动体制改革以及相关的劳动力市场建设问题成为影响中国经济进一步发展的因素。因此，劳动成为经济学家和社会学家们感兴趣的领域，他们分别从不同的角度对中国劳动力市场建设、劳动力合理流动等问题进行了广泛深入的研究。其中有代表性的是张炳申教授的相关研究，其在 20 世纪 80 年代中期相继发表多篇有关中国劳动力市场运行模式和规则的论文，特别是在 1994 年出版的《劳动力市场配置论》一书中，张炳申教授系统地提出了中国劳动力市场配置理论，对中国传统非市场型配置模式的特性及效率、劳动力市场运行机制、中国劳动力市场发育状况及趋势等问题进行了深入和权威的论述。20 世纪 90 年代初期，国内学者开始引进劳动力市场分割的概念，用于描述中国劳动力市场上体制性分割的现象。90 年代中期以来，国内应用 LMS 框架对中国劳动力市场进行分析。有代表性的是张炳申（1994）对珠江三角洲劳动力市场机制发育的研究，赖德胜（1996）和李萍（1999）对中国劳动力市场制度性分割的研究，张炳申（2000）对中国城镇劳动力配置二元结构及其转换的研究，江涛（2001）应用LMS理论对中国乡镇企业的城镇化集聚的研究，陆春燕（1999）对中国劳动力市场分割与居民收入差距关系的研究，Yang Yao（2000）对中国乡村企业劳动力市场分割问题的研究，谭有林（2000）对劳动力市场分割与上海经济可持续发展关系的研究，许经勇等（2000）对竞争性的劳动力市场的研究等。

劳动力市场分割理论对研究中国劳动力市场问题提供了一个有意义的理论框架和分析思路。单单从劳动供给和需求的角度研究劳动力市场，无法说明结构性短缺和过剩问题、人力资本积累激励缺乏的问题、工资性收入差距问题及劳动力流动障碍问题。劳动力市场分割理论使我们能从一个崭新的角度去分析和解释这些问题，并为最终解决这些问题提供新的线索。

在高校人才培养和劳动力市场的有效对接方面，国外在学术研究和具体的操作措施方面均走在中国的前面。许多国家在国家层面，乃至国际层面对促进高校人才培养和劳动力市场有效对接方面采取了相应的政策措施，具体包括高等教育的调整、相应的产业需求的调整以及最为关键的创业政策的支持。而从学校层面看，有些学校积极采取措施加强培养市场需求的一些能力，疏通甚至建设学生和市场之间“交流”的信息通道，有些高校则在创业教育方面取得了卓越的成效。

理论及实证乃至国际比较的研究结果显示，中国在解决高校人才培养和劳动力市场需求的对接方面主要应该从以下方面着手：首先，坚持人力资本投资的理念。未来的发展趋势和所处的全球环境要求中国准备相应数量、层次的人才，这对中国在全球竞争中取得一席之地和中国社会的可持续发展均有利。其次，产业结构的调整应该是解决大学毕业生就业问题的关键。而创业教育及创业政策的有效实施是解决这一问题的根本。再次，高等教育在和劳动力市场对接方面存在的最主要问题不是“过度教育”而是“教育不足”，这种教育不足主要表现在能力、技能方面的不足。随着劳动力市场的动态变化以及工作方式的转变，未来的劳动力市场越来越看重一般的能力而非知识。从这个角度理解，中国高等教育的改革仍然应该注重学生素质、能力方面的培养。

第三节 创新理论

1912 年熊彼特在其《经济发展理论》一书中提出“创新理论”，又于 20 世纪 30—40 年代，相继在《经济周期》和《资本主义、社会主义和民主主义》两书中加以运用和发挥，形成了以“创新理论”为基础的独特的理论体系。他突破了西方传统经济学仅仅从人口、资本、工资、利润、地租等经济变量在数量上的增长来认知经济发展，而试图通过分析技术进步和制度变革在提高生产力过程中的作用，揭示并强调创新活动所引起的生产力变动在经济、社会发展过程中的推动作用，从一个全新的视角来阐释和认知资本主义经济活动及其变化，从而揭示资本主义发生、发展和结局。

创新是熊彼特经济理论的核心。他指出：“创新是新技术、新发明在生产中的首次应用，是建立一种新的生产要素或供应函数，是在生产体系中引进一种生产要素和生产条件的新组合。”① 熊彼特所说的组合主要包括产品创新、工艺创新、市场创新、资源开发利用创新、体制和管理创新等内容。

---

① 周延波，王正洪．高校创新教育［M］．北京：科学出版社，2011：19.

熊彼特创新是经济变动的一种形式或方法，“它从来不是，也永远不可能是静止的”。它本身将“不断地从内部革新经济结构，即不断地破旧，不断创造新的结构”，是一种“创造性毁灭过程”，又可称为“产业变异”。在他看来，创新的手段是“毁灭”旧组合，产生“破坏旧的新力量”；其结果是“创新”新组合，成功的创新将会打破旧的、低效的工艺与产品，是“旧组合—分拆 —新组合”的过程和规则，而非单纯地强调“毁灭性创新”的突破性结果。

相比传统对“创新”的理解，熊彼特的“创新”在一定生产要素与生产条件的动力条件之下，进行创新；依照某种规律进行生产函数组合，组合生产要素与生产条件的一个过程将大大降低创新的风险，使创新成为必然；而非线性的创新结果将带来丰厚的高收益，从而熊彼特创新规则可以获得“企业家利润”或“潜在的超额利润”。

熊彼特指出：把新组合的实现称为“企业”，把实现新组合的人们称为“企业家”。企业家活动的动力是对垄断利润或超额利润的追逐，其目的是实现新组合或创新。发明者不一定是创新者，只有企业家才会有能力把生产要素和生产条件的新组合引入生产体系，实现创新。同样，股东或资本家也不同于企业家。在熊彼特看来，企业家应具备三个条件：眼光（能看到市场潜在的商业利润），能力、胆略（敢承担经营风险），经营能力（善于动员和组织社会资源）。

创新活动是经济兴起和发展的主要原因。经济发展的动力是利润和企业家精神。经济增长由创新而来，并呈现周期性。创新能够导致经济增长，是因为创新者不但为自己赢得利润，而且为其他企业开辟了道路。创新会带来模仿者，普遍的模仿会引发更大的创新浪潮，于是经济高涨；当较多的企业模仿同一创新后，创新浪潮消退，经济出现停滞。新一轮创新会再度刺激经济增长，只有不断创新，才能保证经济持续增长。经济增长过程由经济周期的繁荣、衰退、萧条和复苏四阶段构成，而创新是决定这种周期性的主要因素。

与此同时，在熊彼特看来，创新是一种创造性破坏，即不断破坏旧的结构，创造新的结构的过程。在实践中，一批批企业在创新浪潮中被淘汰，同时一批批新的企业在创新浪潮中崛起，具有创新能力和活力的企业不断发展，生产要素在创新过程中实现优化组合，经济就会不断发展。经济发展的逻辑就是持续创新，持续破坏，持续优化，持续发展。

熊彼特的创新理论，开始并没有引起人们的重视。1912 年，他的《经济发展理论》是用德文出版的，1934 年英文版出版后，才受到学术界的注意。

第三章　文献综述

第一节　关于创新创业教育

党的十九大报告指出，要加快建设创新型国家。建设创新型国家，关键是培养创新型人才，基础是加强创新创业教育。创新创业教育是世界发展的趋势，是时代发展的主基调，创新创业教育的质量和水平与创新型人才的培养和创新型国家的建设密不可分。

1998 年，我国高校开启了创新创业教育。清华大学举办首届“创业计划大赛”，率先创设“创新与创业管理”方向，开设“高新技术创业管理”课程。1999 年，《面向 21 世纪教育振兴行动计划》提出“加强对教师和学生的创业教育”。同年，《中共中央国务院关于深化教育改革，全面推进素质教育的决定》指出“高等教育要重视培养大学生的创新能力、实践精神和创业精神”。2002 年，清华大学等 9 所高校被教育部确定为创业教育试点高校。

2010 年，《国家中长期教育改革和发展规划纲要（2010—2020 年）》提出“加强就业创业教育和就业指导服务”。同年，《关于大力推进高等学校创新创业教育和大学生自主创业工作的意见》要求高校创新创业教育要面向全体学生，融入人才培养全过程。2012 年，党的十八大报告论述了高校创新创业教育改革的实施意见，提出要培养学生的创新精神、实践能力。2014 年，李克强总理首次提出“大众创业、万众创新”新理念。2015 年，《关于深化高等学校创新创业教育改革的实施意见》指出，深化高校创新创业教育改革是推进高等教育综合改革的突破口。2017 年，教育部出台了《普通高等学校学生管理规定》，对学生参加创新创业、社会实践活动等可折算成学分作了说明，实现创新创业教育与学分对接。

在党和国家的重视下，我国“创新创业教育”呈现欣欣向荣的发展态势。“创新创业教育”正走进综合、师范、民族、理工、医科、农林等各类高校，逐步从外围、边缘状态向圆心聚向，已成为当前高等教育改革的一大热点。目前，创新创业教育研究的进展如何？其研究方向、范围、视域、主题、趋势如何？为了全面了解我国创新创业教育发展情况，本节分析了创新创业教育研究的核心文献，为推进我国创新创业教育研究和发展提供参考和借鉴。

2001 年，在核心期刊和 CSSCI 数据库中最早出现了创新创业教育的学术研究，2002 年没有相关创新创业教育的研究论文，从 2001 年起至今，创新创业教育的相关研究总体呈现增长的态势，其中，2001—2008 年，每年约有 2 篇创新创业教育研究成果，有关创新创业教育学术研究呈现零星发展之势；2009—2014 年，每年约有 20 篇创新创业教育的研究成果，有关创新创业教育的研究呈现小幅度上升之势；2014 年，李克强总理首次提出“大众创业、万众创新”战略构想，创新创业得到国家的高度重视和发展；在学术界，创新创业教育研究如火如荼，发展迅速。从核心期刊和CSSCI数据库中关于我国创新创业教育研究的现有成果来看，我国创新创业教育学术研究目前处于科学文献发展期和成熟期的交界阶段，还未发展到成熟阶段，我国关于创新创业教育研究仍有很大的拓展空间，仍有宽广的研究视域有待学者不断开拓创新[①]。

关于创新创业教育的研究，研究者们主要关注创新创业现状和问题、创新创业教育体系与人才培养体系、创新创业教育与专业教育融合、创新创业教育的模式、实践、路径和对策等研究主题。

关于创新创业教育现状和问题。马永斌、柏喆（2015）指出我国创新创业教育模式匮乏，高校普遍重视专业教育、就业教育，忽视“双创”教育，与实践脱节，创新创业课程开发和设计处于零散状态，数量有限，设置有待改善，创业教育师资力量薄弱，创业教育支撑体系不健全[②]。胡春平等（2016）认为我国创新创业教育存在思想观念固化、教育方式方法不足、实践平台少、社会力量参与不足的问题[③]。白龙君（2016）认为我国高校创新创业教育面临教育观念落后、教学方法陈旧、大学生缺少资金与经验、创新创业环境不佳等问题[④]。

在创新创业教育与人才培养体系方面。陈希（2010）认为高校要加

---

① 洪柳．基于核心期刊和CSSCI数据库文献计量的创新创业教育研究综述［J］．民族教育研究，2018，29（4）：129–134.

② 马永斌，柏喆．大学创新创业教育的实践模式研究与探索［J］．清华大学教育研究，2015（6）：99–103.

③ 胡春平，刘美平，葛宝山．现阶段我国高校研究生创新创业教育：问题及对策：以吉林大学为例［J］．黑龙江高教研究，2016（2）：77–80.

④ 白龙君．论新常态下高校创新创业教育问题［J］．继续教育研究，2016（8）：13–15.

强创新创业教育，创新人才培养体系，增强大学生的创新创业能力[①]。刘伟（2011）认为高校应构建创新创业教育人才培养体系[②]。李家华、卢旭东（2010）认为高校创新创业教育应与高校人才培养体系相结合。刘宝存（2010）提出应确立创新创业教育理念，高校应培养具有创新创业精神、意识和能力的人才。

在创新创业教育与专业教育相融合方面。刘艳（2014）提出以优势交叉学科为基础，以课程改革和人才培养改革为重点，以创新创业高层次人才培养为目标，强化创新创业教育与专业教育深入融合。王占仁（2015）研究高校创新创业教育观念、创新创业教育的体系构架和理论价值，树立全新的大创业教育观，创新创业教育包括通识型、嵌入型、专业型、职业型四个层面的体系构架，创新创业教育应面向全体学生，与专业教育相融合，构建“广谱式”创新创业教育范式[③]。

在研究国外创新创业教育方面，李世佼（2011）借鉴了国外创业教育的成功经验，对我国大学生创新创业教育体系进行思考和构建[④]。胡桃、沈莉（2013）对美国百森商学院著名的创业课程体系改革和斯坦福大学的产学研创新创业教育模式进行了研究[⑤]。郝杰等（2016）介绍了美国创新创业教育体系的构建情况，美国已形成了政府、学校、社会机构等多主体深度参与创新创业体系；美国创新创业教育呈现出支持保障体系完

---

① 陈希．将创新创业教育贯穿于高校人才培养全过程［J］．中国高等教育，2010（12）：4–6.

② 刘伟．高校创新创业教育人才培养体系构建的思考［J］．教育科学，2011，27（5）：64–67.

③ 王占仁．“广谱式”创新创业教育的体系架构与理论价值［J］．教育研究，2015，36（5）：56–63.

④ 李世佼．大学生创新创业教育体系的构建［J］．黑龙江高教研究，2011（9）：119–121.

⑤ 胡桃，沈莉．国外创新创业教育模式对我国高校的启示［J］．中国大学教学，2013（2）：91–94.

善、产学合作广泛、重视企业家精神培育和价值引领、注重国际性和开放性等特点[①]。

在创新创业教育模式方面。黄林楠、丁莉（2010）[②]，董世洪、龚山平（2010）[③]，刘彦军（2016）[④]，张育广、刁衍斌（2017）[⑤]，胡燕生（2017）[⑥]等学者对大学生创新创业教育模式进行了研究，提出要构建高校、政府、企业、社会合作和互动的创新创业教育模式。黄林楠、丁莉（2010）介绍了美国创业教育的磁石模式、辐射模式、混合模式，指出我国高校创业教育要鼓励多样化发展模式；董世洪、龚山平（2010）认为我国大学创新创业教育主要有高校自我运作模式、基于创业园技能训练的依托模式、政府政策文件资金推动模式；张育广、刁衍斌（2017）提出要构建高校体验式创新创业教育模式，创建体验式教学实践平台。

在创新创业教育实践方面。研究文献重点探讨了高校创新创业实践教

---

① 郝杰，吴爱华，侯永峰．美国创新创业教育体系的建设与启示［J］．高等工程教育研究，2016（2）：7–12.

② 黄林楠，丁莉．构建大学生创新创业教育模式的探索［J］．高等工程教育研究，2010（6）：158–160.

③ 董世洪，龚山平．社会参与：构建开放性的大学创新创业教育模式［J］．中国高教研究，2010（2）：64–65.

④ 刘彦军．高等教育综合改革背景下的创新创业教育模式探索［J］．中国高校科技，2015（9）：82–85.

⑤ 张育广，刁衍斌．高校体验式创新创业教育模式的探索［J］．中国高等教育，2017（6）：61–63.

⑥ 胡燕生．大学生创新创业教育模式探析［J］．中国高校科技，2017（1）：128–130.

育体系的构建。郭伟刚等（2012）①，李浩然（2013）②，黄兴海（2015）③，林美貌（2015）④，王乃国、沈红雷（2016）⑤，冀宏等（2016）⑥，张兄武、徐银香（2016）⑦，刘广等（2016）⑧，丁娟慧（2017）⑨等学者认为我国创新创业教育实践问题突出，实践教育薄弱，应加强创新创业实践教育体系的构建。李浩然（2013）设计了高校“学习、竞赛、研究、实践”四位一体的创新创业人才方案；张兄武、徐银香（2016）提出构建分层递进式创业教育体系，拓展创业实践平台，重点建设创业实训和孵化基地；丁娟慧（2017）探讨了基于战略管理视角构建高职院校创新创业教育实践体系的问题。

---

① 郭伟刚，陈加明，周水琴，等．高职院校学生创新创业教育实践［J］．中国职业技术教育，2012（8）：85–88，92.

② 李浩然．探索大学生创新创业教育新路径：以燕山大学大学生创新创业教育实践为例［J］．人民论坛，2013（29）：240–241.

③ 黄兴海．高校创新创业教育实践教学机制探析［J］．黑龙江高教研究，2015（11）：122–124.

④ 林美貌．台湾地区高校创新创业教育实践经验及其启示［J］．福建论坛（人文社会科学版），2015（10）：155–161.

⑤ 王乃国，沈红雷．IPQ 育人模式下的创新创业教育实践：以苏州工业园区工业技术学校为例［J］．中国职业技术教育，2016（35）：63–65.

⑥ 冀宏，费志勇，张根华，等．地方应用型高校创新创业教育实践与思考［J］．实验室研究与探索，2016，35（8）：185–189.

⑦ 张兄武，徐银香．探索分层递进式创业教育体系［J］．中国高等教育，2016（19）：54–56.

⑧ 刘广，阮锦强，马小惠．依托众创空间开展大学生创新创业教育实践探讨［J］．实验技术与管理，2016，33（12）：29–32，35.

⑨ 丁娟慧．战略管理视角下高职院校创新创业教育实践体系的构建［J］．职业技术教育，2017（2）：52–54.

在创新创业教育路径和策略方面。孙桂生、刘立国（2016）①，蒋少容（2016）②，黄娟（2017）③，肖贵平（2017）④，刘凤娟（2017）⑤，张芳芳、贺志波（2017）⑥，刘毅（2017）⑦，李勉媛（2017）⑧等学者提出加强和改进高校创新创业发展的应对策略。蒋少容（2016）建议高校应树立学用结合的教育理念，打造校园优质“创客空间”；张芳芳，贺志波（2017）提出高校创新创业教育发展可从政策保障、课程体系、师资队伍、实践平台等方面探索；刘毅（2017）提出了“互联网 +”时代优化本科生创新创业教育的策略；李勉媛（2017）提出了高校创新创业教育联盟构筑的路径和策略。

高校应积极推进创新创业教育改革和发展，将创新创业教育与专业教育、人才培养体系相结合，开拓创新创业教育新模式，开发优化创新创业课程体系，加强双师型教师队伍建设，加大创新创业教育实践平台建设，加强创新创业教育的支持系统建设。

---

① 孙桂生，刘立国．创新创业型人才培养的探索与实践：以北京联合大学商务学院为例［J］．中国高校科技，2016（12）：79–81.

② 蒋少容．创客文化视域下高校创新创业教育路径探究［J］．教育探索，2016（9）：79–81.

③ 黄娟．“互联网 +”视阈下大学生创新创业教育路径探赜［J］．学校党建与思想教育，2017（12）：81–82.

④ 肖贵平．大学生创新创业教育路径探析：以福建农林大学为例［J］．中国高校科技，2017（7）：84–87.

⑤ 刘凤娟．开放教育背景下的大学生创新创业教育路径选择［J］．继续教育研究，2017（11）：19–21.

⑥ 张芳芳，贺志波．高校大学生创新创业教育路径探析［J］．思想教育研究，2017（7）：118–120.

⑦ 刘毅．“互联网 +”时代本科生创新创业教育路径研究［J］．学校党建与思想教育，2017（22）：85–86.

⑧ 李勉媛．高校创新创业教育联盟发展及构筑策略［J］．教育评论，2017（7）：74–77.

第二节 关于高等教育与劳动力市场的关系

1949 年我国高等学校毕业生为 2.1 万，到恢复高考的第二年高校毕业生为 16.5 万，2019 年我国高校毕业生已经达到 834 万，毕业生人数是新中国成立时的 397 倍，是恢复高考起始时的 50 倍。从 1998 年开始，中国每年的高校毕业生就逐年增长，从 1998 年的 82.98 万直线上涨到 2019 年的 834 万，在这短短的 21 年里涨了约 10 倍，且还在保持增长的趋势。从毕业生人数来看，2018 年全国高校毕业生首次突破了 800 万人，2019 年高校毕业生 834 万人，再创近 10 年毕业生人数新高，因此，就业创业工作面临复杂严峻的形势。智研咨询发布的《2020—2026 年中国教育行业信息化建设与 IT 应用行业竞争现状及投资盈利分析报告》显示，2009 年，全国高校毕业生人数仅为约 600 万。从教育部召开的新闻发布会获悉，2020 年高校毕业生 874 万人，同比增加 40 万人，毕业生人数再创历史新高（详见图 3–1）。

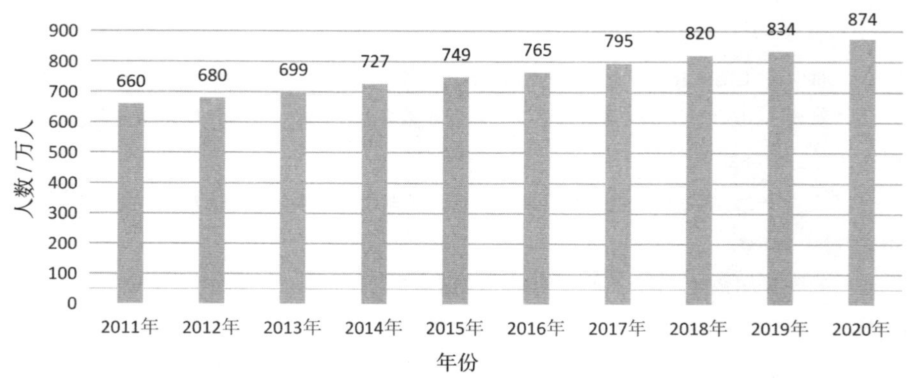

图 3–1 2011—2020 年我国高校毕业生人数统计情况

我国高等教育已进入大众化发展阶段，大学生队伍越来越庞大。2020 年，全国普通高校毕业生规模达到 874 万人，在此背景下，我国高校人才培养与劳动力市场之间的矛盾更加尖锐，毕业生就业形势也更加严峻。探讨高校人才培养与劳动力市场需求关系具有重要的现实意义。

高等教育不断扩招增加了劳动力市场中受高等教育劳动力的供给，大学生就业难则表明市场对受高等教育劳动力的需求不足，这就产生了高等教育与劳动力市场需求问题①。在高等教育大规模普及的背景下，作为供给方的高校以及其他教育机构应怎样变动供给方面？劳动力市场又该怎样改善？怎样促使高等教育和劳动力市场达到均衡状态呢？本节对国内相关研究文献进行梳理和评述，从高等教育、劳动力市场关系方面，探讨高等教育与劳动力市场的关系问题。

高等教育和劳动力市场问题，本质就是高校教育服务市场和劳动力市场的供需关系问题。要明确劳动力市场中的供求主客体；掌握劳动力市场运行规律，明确其运作机制，促使毕业生在各个行业和地区均衡配置。高校和学生之间商品交换关系的总和被定义为高校教育服务市场，而劳动力市场就是高校毕业生的就业市场。市场活动最主要的两个参与者是消费者和厂商，厂商作为产品的供给者，生产满足消费者效用的产品，从而获取利润。但是，在新毕业生劳动力市场②环境下，供给方看似是新毕业生，需求方是厂商等用人机构。但是，实际上，影响供给方数量和质量的不仅是高校，同时高校生产产品的需求方也不仅是劳动力需求的企业、公共组

---

① 解海美．我国高等教育与劳动力市场均衡研究述评［J］．安徽文学，2014（20）：138-139，147.

② 新毕业生劳动力市场是指刚从高校毕业的学生形成的劳动力市场，本书探讨的是高校人才培养和劳动力市场需求的关系问题，侧重点在培养的结果，去除工作经验的影响，所以，将研究对象限定在新毕业生进入劳动力市场寻找工作形成的各种行为及结果。因为，在国外文献中往往将毕业生劳动力市场指代持有大学毕业文凭的劳动力市场。

织等各种不同的组织机构。不同需求主体代表着各自的行为目的和自身利益，对需求主体的理顺和主体利益的分析有利于理解高校人才培养和市场需求的复杂供求系统[①]。

高等教育需求[②]有广义和狭义之分，广义的需求是指社会需求，狭义的需求是指个人的需求。所以，需求主体也分为社会主体和个人主体。肖鹏燕（2014）认为，在不同的社会阶段，高等教育的社会需求，主要集中在高端人才培养的社会需求，其主体主要是以企业为代表的各种组织的用人需求，同时还包括想要发展国家、社会制定人才发展战略的政府。而个体需求，毫无疑问是选择进入高校的学生。个体对于高等教育的需求实际上成为后续高校人才供给的基础。供给主体毫无疑问是高校和学生。但是，对于高等教育供给却存在高等教育入口和高等教育出口两个角度的理解[③]。从高等教育入口理解高等教育供给是指，在某一时期内，一国或一地区高等教育机构所能提供给受教育者的机会[④]（靳希斌，2001；马永霞，2006）。而从高等教育出口来定义高等教育供给则认为，高等教育供给是指“在一定的单位成本下，高等教育机构所能提供的教育，表现为教育机构培养一定数量、质量、结构劳动者的能力”[⑤]（靳希斌，2001；马永霞，2006）。

---

① 肖鹏燕．中国高校人才培养与劳动力市场需求的非均衡研究［M］．北京：首都经济贸易大学出版社，2014：40.

② 根据经济学对于“需求”的定义，高等教育需求是指社会及个人对高等教育有支付能力的需求。

③ 同①：40–42.

④ 靳希斌．教育经济学［M］．北京：人民教育出版社，2001：80.

⑤ 马永霞．冲突与整合：高等教育供求主体利益分析［M］．北京：高等教育出版社，2006：32.

何岸（2005）研究了两个市场各自的供求主客体及其之间的关系，分析了高校、求学者和用人单位的市场角色以及两种市场的互动联系等问题。在劳动力市场中，供给主体是接受过一定教育服务的求学者（毕业生），需求主体是用人单位，供求客体是求学者拥有的劳动力商品。由此可明确教育市场和劳动力市场的供求主客体关系，同时对确立求学者（毕业生）的市场主体地位有重要意义①。

马廷奇（2013）认为劳动力市场是劳动力供求双方进行交易的场所以及运用市场机制调节劳动力供求关系的组织形式②。丁楠、杨院（2018）认为接受过高等教育的劳动力市场是其中一个子市场，存在着明确的供求双方，供给方是供给高等教育服务的院校，需求方是产业需求映射下的企事业单位③。

从供给角度看，有学者认为高等教育的专业结构和教育质量等教育产出与社会需求不一致（袁志刚，2002；莫荣，2003）。他们认为，大学生就业既有总量矛盾也有结构矛盾，但同其他发展中国家一样，结构矛盾是主要矛盾。大学专业结构和教育体制需要进行调整和改革。亚洲开发银行的汤敏博士认为，高校毕业生就业难不是供给过多造成的人才过剩，而是就业结构性矛盾突出的表现，而造成这种结构性矛盾的一个很重要的原因是高等教育本身问题。

劳动力市场分割理论是教育经济学中的基本理论之一，很多学者用

---

① 何岸 . 略论高校教育服务市场与劳动力市场［J］. 河西学院学报，2005（1）：93-95.

② 马廷奇. 人才培养模式、劳动力市场与大学生就业［J］. 高等教育研究，2013（3）：34-39.

③ 丁楠，杨院 . 研究生教育与劳动力市场需求有效衔接机制探究［J］. 研究生教育研究，2018（1）：11-15.

这一理论解释就业市场中的矛盾现象：一方面具有大学以上学历者占我国全部劳动者的比例非常低；另一方面，最近几年高校毕业生找工作却越来越难。

赖德胜（2001）认为这种看似矛盾的现象是转型过程中劳动力市场分割这一制度背景下，高校毕业生与用人单位相互搜寻的结果。过大的城乡收入差距和过高的工作转换成本，使高校毕业生"宁要城里一张床，不要农村一栋房"，但城里的用人单位却因过高的解聘成本和户口成本而不能吸收更多的高校毕业生[①]。

邓光平（2004）从教育供给结构和劳动力市场需求结构不一致角度，探讨了大学生结构性就业难的问题，针对市场上的结构性失业现状，提出高等教育结构的调整优化措施[②]。胡乃武、姜玲（2005）通过对中国高等教育的供给和需求的分析测算，认为目前中国大学生存在就业缺口，即大学生就业难问题是高等教育供大于求的结果[③]。

吕东伟（2003）认为面对瞬息万变的市场经济，高等教育的反应相对滞后，使得高校在专业设置上失衡，培养的许多大学生的素质和能力不适应市场的需要[④]。卢晓东，陈孝戴（2002）指出国外高校的专业设置与调整属于高校自己的事情，高校有权决定专业设置、专业名称和课程组合，

---

① 赖德胜. 劳动力市场分割与大学毕业生失业［J］. 北京师范大学学报（社会科学版），2001（4）：69–76.

② 邓光平. 高校毕业生就业结构性失衡与教育过度探析［J］. 江苏高教，2004（3）：42–45.

③ 胡乃武，姜玲. 对当前我国大学生就业缺口的经济学分析［J］. 山西财经大学学报，2005（2）：1–4.

④ 吕东伟. 从深层次新视角思考大学生就业问题：与亚洲开发银行驻华首席经济学家汤敏博士对话之二［J］. 中国高等教育，2003（Z1）：10–13.

政府一般不进行干预。例如：伯克利和宾夕法尼亚大学在宗教方面的本科专业名称为“宗教研究”，而哈佛大学的相关专业名称为“比较宗教研究”。哈佛大学在生命科学领域设置生物化学和生物学两个专业，而洛杉矶分校则设有生物化学、生物化学与分子生物学、生态、行为与进化、海洋生物学等 10 个专业[①]。张棣（2002）分析了高等教育专业结构调整与经济发展现状，提出高校学科专业结构调整要向新兴学科与国民经济建设急需的方向倾斜[②]。

岳昌君（2004）认为从需求角度考虑，劳动力市场对高校毕业生的需求取决于经济发展规模、速度、产业结构状况，以及经济发展战略等。岳昌君（2004）和丁小浩（2003）计算了 20 世纪 90 年代我国经济增长的一般就业弹性和高校毕业生就业弹性，发现经济增长对高校毕业生的吸纳能力并不大，而产业结构调整对高校毕业生的吸纳作用相对而言更明显。如果产业结构调整幅度不大，按目前 8% 左右的经济发展速度计算，难以吸纳年益增多的高校毕业生就业[③④]。

丁小浩（2004）对我国专科与本科毕业生在劳动力市场上的相对位置和比较优势进行了分析，将职业结构分成两大类，来比较不同受教育程度的人群收入起薪优势，研究结果表明，教育层次显著影响毕业生在不同岗位中的工作机会与起薪。本科毕业生和专科毕业生在各自的岗位中有“弱

---

① 卢晓东，陈孝戴 . 高等学校“专业”内涵研究［J］. 教育研究，2002（7）：47–52.

② 张棣 . 高等教育专业结构调整与经济发展的相关分析［J］. 理论月刊，2002（5）：30–31.

③ 岳昌君，丁小浩 . 受高等教育者就业的经济学分析［J］. 高等教育研究，2003（6）：21–27.

④ 岳昌君 . 高等教育人口比重的国际比较［J］. 比较教育研究，2004（2）：11–15.

比较优势"，但不具有"强比较优势"。本科教育和专科教育之间是一种层次的差异，而不是类型的差异[①]。

谢维和（2004）指出，高校人才培养与劳动力市场的关系存在两种基本的模式，即对口与适应。"对口"是指高等学校的人才培养基本完全按照劳动力市场上的对应岗位的要求，可以成为订单式培养，而"适应"则是在更为宽泛的程度上将高校人才培养与劳动力市场之间对接，比如不培养具体的技能，只是培养更为基础的素质，强调高校毕业生整体符合劳动力市场需要。他认为，中国高校人才培养应该从这两个方面与劳动力市场互动。在计划经济时期，高校人才培养主要是对口培养，与劳动力市场直接对接的基本模式是对口。市场经济建立以后，对口培养已经不能适应经济体制改革的需要，高校与劳动力市场之间对接的基本模式是适应，即宽口径的对接。不过在市场经济背景下，高等职业学校应该更强调对口式培养，而其他高校和学科专业应更加强调从更加宽泛的角度建立人才培养模式与劳动力市场之间的对接机制[②]。

李锋亮（2005）在调查当前大学毕业生在劳动力市场的就业状况基础上，根据高等教育扩招后毕业生就业的现状，分析劳动力市场需求，研究高校扩招对就业率的影响，并估计了可控时间范围内大学生在劳动力市场的需求变化[③]。郭海（2005）主张高等教育应向多样化方向发展，以满足劳动力

---

① 丁小浩．我国专科与本科毕业生在劳动力市场上的相对位置和比较优势分析［J］．北京大学教育评论，2004（2）：43–49.

② 谢维和．对口与适应：高校人才培养与劳动力市场的两种关系模式［J］．北京大学教育评论，2004（4）：9–11.

③ 李锋亮．中国的高等教育规模扩展与劳动力市场［J］．复旦教育论坛，2005（4）：20–25.

市场对不同结构和层次人才的需要。他分析了教育和劳动力市场的关系模型，从实证研究角度探讨了高等教育系统如何应对市场的多样化需求[①]。

管弦（2007）分析了高等教育科类结构与劳动力市场需求的关系，认为高等教育科类结构调整应与劳动力市场需求相结合，应该适应劳动力市场需求，指出中国目前的高等教育科类结构处于被动适应需求的阶段，高校必须在专业调整上具有一定程度的自主权，应该变被动适应为主动适应[②]。胡国华、阚国常（2008）从高等教育与劳动力市场关系的视角，分析了两个市场的互动关系，探讨了经济生产系统、高等教育系统和劳动力市场之间进行信息传递和劳动力与毕业生的流动[③]。

北京大学闵维方教授主持的国家社会科学基金“十五”规划教育学重点课题“中国高等教育规模扩展与劳动力市场的相互作用研究”，重点分析了在中国高等教育规模迅速扩展的背景下，由于高等教育毕业生供给的增加所产生的对毕业生在劳动力市场的工作找寻状况的影响，以及这种影响对整个高等教育系统所产生的影响[④]。

刘刚（2009）研究了高校人才培养与劳动力市场的错位现象，如：学生动手能力和应用能力不强，某些新兴专业人才供给不足等，指出出现这些错位现象的主要原因是专业和课程设置落后于劳动力市场的需要，并提

---

① 郭海. 劳动力市场特征和高等教育的多样化［J］. 高等教育研究，2005（4）：31-36.

② 管弦. 我国高等教育科类结构与劳动力市场的关系研究［D］. 厦门：厦门大学，2007.

③ 胡国华，阚国常 . 高等教育与劳动力市场互动系统的研究［J］. 科技与管理，2008（5）：32-35，39.

④ 全国教育科学规划领导小组办公室. 国家社会科学基金“十五”规划教育学重点课题“中国高等教育规模扩展与劳动力市场的相互作用研究”成果公报［J］. 当代教育论坛：宏观教育研究，2009（9）：8-11.

出以市场需求为导向，加强理论与实践的结合，加强校企合作是解决高校人才培养与劳动力市场需求错位问题的主要途径[①]。林辉（2009）探讨了高校人才培养与区域劳动力市场的衔接问题，从四个维度分析了高校人才培养与劳动力市场的关系：人才培养目标要高于劳动力市场的当前需求；高校要掌握人才信息的传递形式；要从劳动力市场得到回报；新经济增长对人才培养有着高要求[②]。

肖鹏燕（2014）认为高校人才培养的长周期性在一定程度上使高校人才培养和劳动力市场需求发生失衡。无论是个体选择专业还是高校设置专业，设置课程是依照历史的或当前的情况进行抉择。相对而言，劳动力市场需求在三年以上（包括研究生）会发生很大的变化。三年前某一专业的劳动力市场需求非常火爆，高校根据这一信息扩招生源，学生个体也纷纷选择“热门”专业，但三年之后就业市场可能会发生变化，过量的供给就会发生。除此之外，还有一个非常重要的影响因素，即信息传送机制。在市场经济环境下，尽管厂商可以敏锐地捕捉市场信息，但是，仍然会由于事实上的信息不充分而导致生产过剩或者生产不足现象，使得利润最大化目标达不到。所以，如果高校处于市场环境中，这种信息不充分的天然性也决定了其和劳动力市场需求对接存在困难[③]。朱雅丽（2015）认为实践对于高校教育与市场相适应具有重要的作用，高校应为学生实习提供组织、

---

① 刘刚 . 本科应用型人才的定位与培养策略［J］. 职业技术教育，2009（4）：19–22.

② 林辉 . 高校人才培养与区域劳动力市场衔接机制研究［J］. 教育探索，2009（6）：66–67.

③ 肖鹏燕 . 中国高校人才培养与劳动力市场需求的非均衡研究［M］. 北京：首都经济贸易大学出版社，2014：59–60.

协调等服务[①]。

我国高速发展的经济和庞大的高等教育规模理应催生出繁荣的大学生创业之景，然而大学生创业率和成功率却长期呈现“双低”之态势。肖聪（2016）从劳动力市场分割理论的角度分析，大学生创业“双低”现象产生的原因在于我国劳动力市场分割造成了大学生创业者的“三大劳动力困境”，即大学生创业退出者职业流动风险上升，大学生创业者的有效人力雇佣弱化和大学生创业者能力提升的抑制效应，从而降低了大学生创业意愿，阻碍了大学生创业活动的开展[②]。王英杰（2019）分析了中国高等教育的发展现状，详述了劳动力市场对高等教育的需求走向，并对高等教育与劳动力市场关系的协调进行了探讨[③]。

张学敏、柴晓旭（2019）指出，教育主管部门公布高校毕业生就业率的初衷在于更好地促进高校与社会经济的联系，提升教育教学质量。但随着高校毕业生就业形势日益严峻，就业率演变为评价高校教育质量的重要指标，导致高校利益相关者片面追求就业率，反而不利于高校教育质量的提升。这是一种错位的高校教育质量评价。一方面，高校不同利益相关者浓烈的工具理性倾向；另一方面，学术界对教育市场和劳动力市场关系的模糊混淆，无疑共同促成、强化并固化了这种错位评价。何以纠错？必须从理论上进一步厘清教育市场与劳动力市场的关系，帮助高校内外部利益

① 朱雅丽．注重实践，加强教育与劳动力市场之间的联系：Co-op 模式及其对中国大学教育的启示［J］．科技资讯，2010（35）：124.

② 肖聪．劳动力市场分割与大学生创业中的“双低”现象［J］．教育科学，2016，32（2）：20–26.

③ 王英杰．中国的高等教育与劳动力市场探究［J］．中国管理信息化，2019，22（3）：184–186.

相关者弱化工具理性的偏见，切实改进高校教育质量评价①。

丁楠、杨院（2020）认为，产业、劳动力市场、高等教育在人工智能时代新需求下的有效互动是我国亟待解决的战略性问题。基于逻辑起点和现实诉求提出"高等教育变革引领产业和劳动力市场的良性发展""基于产业发展需求完善高等教育与劳动力市场的有效衔接""构建依高等教育与产业变动而变动的完善的劳动力市场"等重构设想。提出专科类院校应渐进式地提升专科层次教育的规模与质量，借助学分转换等灵活方式实现其与本科层次教育的有效衔接。依产业发展需求调整专业设置，教育部门应依据产业发展需求统筹规划专业设置，高校也应主动调整专业以适应产业发展需求，包括调整课程体系、优化师资结构、均衡学科结构等。进一步优化高等教育资源的区域配置。依据各地区的产业发展以及所带来劳动力市场需求的动态性变化优化当地的高等教育资源供给②。

对于高校与劳动力市场关系问题，对于高校，学者们探讨了调整专业设置、完善培养方式、开拓就业渠道等措施；对于劳动力市场，学者们探讨了信息不对称的影响，提出应完善劳动力市场、提高就业信息的流畅性等。

---

① 张学敏，柴晓旭．我国高校毕业生就业率与高校教育质量评价研究［J］．东北师大学报（哲学社会科学版），2019（3）：131-141.

② 丁楠，杨院．人工智能时代高等教育与产业、劳动力市场的有效互动研究［J］．教育评论，2020（6）：75-79.

第四章　高校创新创业教育探析

创业通过促进创新、创造就业（Pitman，1988；Bygrave，1997；Grant，1998）、提升产业经济等来影响地区的经济发展（Oviatt，Mcdougall，1994；Audrestsch，2001）。创业作为促进大学生就业的重要途径，使大学生创业成为推动我国经济发展的重要内生力量。尽管目前我国大学生创业活动还处于梦想阶段，即大部分学生有创业梦想，而实际开展创业活动的人数却很少[①]。

第三方社会调查机构麦可思研究院对15.2万名2018届大学生毕业半年后培养质量进行了跟踪评价，据麦可思发布的《2019年中国大学生就业报告》（就业蓝皮书）显示，本科毕业生就业率连续四年下降，2018届大学毕业生就业率为91.5%，其中近两届高职高专毕业生就业率高于同届本科毕业生。2018届本科毕业生就业率为91.0%，与过去4届相比略有下降；2018届高职高专毕业生就业率为92.0%，与过去4届相比稳中有升。2018届本科毕业生“受雇工作”的比例为73.6%，连续5届持续下降；“自主

① 邓汉慧．大学生创业轨迹与创业成长调查研究［M］．武汉：湖北人民出版社，2014：53.

创业”的比例（1.8%）较2014届（2.0%）略有下降；“正在读研”（16.8%）及“准备考研”（3.3%）的比例较2014届分别增长3.2个、1.4个百分点。2018届大学毕业生自主创业比例为2.7%，较2014届（2.9%）、2015届（3%）略有下降。其中，高职高专毕业生自主创业的比例（3.6%）高于本科毕业生（1.8%）。此外，有6.2%的2015届大学毕业生三年内自主创业。2015届毕业即自主创业的大学毕业生中，三年后有44.8%的人仍坚持自主创业，比2014届（46.2%）低1.4个百分点。2015届本科毕业生三年内自主创业主要集中在教育行业（19.8%）。2015届高职高专毕业生三年内自主创业主要集中在零售业（14.8%）。创业艰辛，但其带来的收益明显更高。《2019年中国大学生就业报告》（就业蓝皮书）显示，大学毕业生自主创业人群月收入优势明显。2015届本科毕业生半年后自主创业人群的月收入为5131元，三年后为11882元，涨幅为132%，明显高于2015届本科毕业生平均水平（半年后为4042元，三年后为7441元，涨幅为84%）。2015届高职高专毕业生半年后自主创业人群的月收入为4601元，三年后为9726元，涨幅为111%，明显高于2015届高职高专毕业生平均水平（半年后为3409元，三年后为6005元，涨幅为76%）。与发达国家相比，如美国20%~30%的大学毕业生创业，我国大学毕业生自主创业比例还是很低，创业成功的比例微乎其微。为什么会出现这种现象？大学生创新创业行为的产生与哪些因素有关？

创业行为是一个全面整合的过程，涉及个人寻找、发现和评价创业机会的所有活动（Shane Venkaaramen，2000；Smith Digrengorio，2002），是在“引入并接受新想法的基础上，进行各种特定的具体活动，以此对创业做出相应贡献，具体的特定活动主要涉及产品生产、市场定位、技术变革、财务变化、组织变革等方面（Penrose，1959）”[①]的行为。创业研究的核心是深入创业过程内部，解释新企业的产生机理，并且总结新企业生成过程中的活动规律（Venkataramen，1997；Gartner，2003）。创业行为研究应该成为揭示创业过程这只黑箱和新企业产生机理的关键（张玉利，赵都敏，2008）。而分析影响创新创业行为产生的因素，则是揭秘创业过程的第一步[②]。

创新创业教育是国家发展之根、民族振兴之魂。创新是引领发展的第一动力。开展创新创业教育是世界性教育改革的趋势。高校创新创业教育是一个系统工程，与国家政策导向、社会、家庭以及学生等各个层面息息相关。高校创新创业教育对于创新型人才培养和创新型国家建设非常重要。本章探讨国外高校创新创业教育人才培养模式、经验与特点，分析我国高校创新创业教育的影响因素，借鉴国外高校创新创业教育的成功做法和经验，有益于推进我国高校创新创业教育的发展[③]。

创新是一个民族进步之魂，是一个国家兴旺发达的不竭动力。当今世界国之较量乃科技之较量，实乃人才之较量、创新之较量。世界在创新中不断变革，人类在创新中不断发展。唯进步，不止步。创新意味着延续、突破、发展和超越。创业以创新为核心，促进了科技进步，提高了生产效率。党的十八大报告明确提出实施“创新驱动发展战略”，把科技创新“摆在国家发展全局的核心地位”。建设创新型国家，核心就是把增强自主创新能力作为发展科学技术的战略基点，走出中国特色自主创新道路。党的

---

① PENROSE E.The theory of the growth of the firm［M］. Oxford：Oxford University Press，1995.

② 邓汉慧.大学生创业轨迹与创业成长调查研究［M］. 武汉：湖北人民出版社，2014：54.

③ 洪柳.我国高校创新创业教育短板分析及应对策略［J］. 继续教育研究，2018（4）：35-41.

十九大报告继而提出要加快建设创新型国家。创新是引领发展的第一动力，是建设现代化经济体系的战略支撑，要加强国家创新体系建设，强化战略科技力量，加强对中小企业创新的支持，促进科技成果转化[①]。建设创新型国家，关键是培养创新型人才，基础是加强创新创业教育。

第一节 国外高校创新创业教育人才培养模式与经验

一、国外高校创新创业教育人才培养模式

国外高等院校创新创业教育已经发展成熟，各个院校各有各的特色，自成一套系统，取得了良好的教育成果。其中百森商学院和斯坦福大学的创新创业教育就非常有代表性。以下着重介绍百森商学院的"创新创业课程"以及斯坦福大学的"产学研一体化"的教育模式[②]。

（一）以"创新创业课程"著称的百森商学院

百森商学院作为全球最著名的创新创业管理教育及研究的最高学府，在创业学领域一直处于领先地位。百森商学院以"强化意识"为主要指导思想，帮助学生在创业过程中提升思维方式、冒险精神、进取心、创造能力以及把握市场变化的洞察能力。百森商学院以培养创业意识为主，通过创新性课程教学、外延拓展计划教学支撑，倡导创新创业精神，具体体现

① 中国共产党十九大报告全文（32000字）［EB/OL］.（2017-10-19）［2020-03-06］. http：//www.sohu.com/a/198869068_345245.

② 洪柳. 创新创业教育视域下高校公共事业管理专业实践教学体系改革研究与探索［M］. 长春：吉林大学出版社，2018：117-121.

在四个方面。

1. 师资力量的优越性

百森商学院拥有 40 多名教师专门讲授创新创业课程，同时配备有相当数目的创新创业助教、老师和全职教员。学院的师资必须有企业方面的经验：风险资本家（创业投资家）、创业家和实业家、新创立企业的高级管理层。这些教师不仅拥有参与创业或者企业高管的亲身经历，同时还需要同企业保持积极的联系，通过争取企业支持，为学生带来更多的模拟实践的机会。这些经历帮助教师在教学过程中引用具体鲜活的案例，通过真实的案例模拟和研究，帮助培养学生的判断能力和分析能力，在创新创业问题上具有更大的实战应变能力以及创新思维能力。

2. 课程设计方面的前瞻性

百森商学院的教学理念是创新创业教育，这既是一种教学课程，更是一种教育实践。创业教育不能以追求功利为目的，而应当为青年学生注入创业的“遗传代码”，因此，百森商学院进行了著名的系统化课程设计，提供切合实际的教学过程。他们战略性地将创新创业教育提上教育改革进程，并开创性地提出创新创业教育模式的改革实践成果。在设计创新创业教学课程结构的时候，百森商学院将创业过程必需的创业意识、创新个性品质、创业核心能力等理念整合到创业的社会知识中，并有机结合科学教育、人文思想教育、智力教育及社会教育。在这种整合性课程教育中，学习者仿佛置身于创业的社会背景中，关注创业的同时还可以了解与创业相关的经济问题和社会问题。这种教学方式帮助百森商学院从 1967 年开设创业课程以来，一直是该领域的佼佼者。

以下是百森商学院在本科创业课程方面的设计。为适应社会需求，百森商学院为本科学生设计了一套著名的创业实践教学大纲。根据大一至大四本科生不同的需求以及不同的知识掌握能力，学院设计了一套符合学生认知的课程，从浅到深，循序渐进（见表 4–1）。

表 4–1 百森商学院本科生创新创业课程

项目	第一年	第二年	第三年	第四年
必修课程	新生创新创业课程体验	加速创业课程	创建企业、企业融资、企业计划、家庭管理机制、风险资本和增值资本	公司创业、创业实战案例研究、创业者营销、战略与结构

3. 课程内容体系的完善性

百森商学院创业课程体系，被誉为全美高等院校创新创业教育与课程的基本范式。早在 20 世纪 90 年代初，百森商学院就设计了一款成功的创业教学课程体系，受到广泛的好评。这种全新的创业教学体系是将创业中所需的知识融入创业过程中，使得学员有机会学到创业商机识别、企业成长学、融资与风险等基础知识和实战技能。

百森商学院的商业课程，要求学生以团队的形式贷款启动一家公司，并且必须返回本金和利息。对那些完成学业后要开办公司的学生来说，创业强化项目是一个具有高度可选择性、高度完整性和非常有实用性的项目。

这种培养方式取代了传统的分散的授课方式，将知识融合实践，把原先分离开来的营销管理学、人力资源管理学、财务管理学等，经过整合输送给学员。创业实践环节包括创业计划大赛、创业演讲等，从而获得创业体验。

4. 课程教学方法的探究性

创业教育课程的好坏取决于教学方法是否科学。百森商学院的教授们为了给学生们提供集趣味性与知识性于一体的教学环境，以企业所处的社会生态环境作为切入点，将创业过程中每个细节进行现场教学，使得学生们仿佛置身于创业实践中。在这样一个良好的动态学习过程中，学生不仅会关注到创业所需的知识和技能，同时还关注与创业相关的经济问题、社会问题以及其他创业影响因素。实践结果表明，百森商学院采用的“以问题为重心”的教学方式，深受学员的喜爱。学生积极投入到创新创业的学习中来。

（二）斯坦福大学“产学研一体化”创新创业教育模式

斯坦福大学被称为硅谷的“心脏”，在硅谷的发展过程中起到了重要的作用。反之，硅谷为斯坦福带来了巨大的财政支持，保证基础科研工作的进一步进行。斯坦福大学十分重视实践应用和基础科研之间的相互转换，提出“产学研一体化”的模式进行创新创业教育，结合个人能力、专业特长以及相处的社会环境，从创业者的角度来规划整个创业系统流程。以下就斯坦福大学“产学研一体”化模式的特点进行分析。

1. 追求一流的教学与科研成果

斯坦福大学十分重视教学与科研的基础性工作，重视学术研究，并致力于教学与科研的创新。斯坦福的教授认为，一流的基础研究是达到一流科学研究成果的基石，而一流的科研成果必定能为推动高新技术发展起到巨大作用。斯坦福配备了全球一流的实验设备、教学设备，并聘请各个领域的专家和学者来到斯坦福，为其基础性教学和研究共同努力。这一基础性研究吸引了来自美国政府及企业的资金支持，得到了快速的发展，涌现出一批又一批具有重要科学意义的教学和科研成果。

2. 开放互动式的创新创业教育

斯坦福大学一直崇尚学术自由，坚持科学研究的开放性。在这里，教授和学生可以自由选择自己的研究问题。斯坦福管理层认为，高校通过教学和科研相融合的方式培养出来的学生，对基础知识和技能掌握良好，并能有效完成知识和技术的转化。通过开放互动式的教学和研究，斯坦福大学收获了远远大于科学家们的专利发明。开放互动式的创新创业教育包括多个学科之间的合作交流，将教学和科学研究有机融合，并带动企业，完成产学研一体机制的多方互动，形成一个开放式的、网络式的有效模式。学生在此过程中获得了应用基本原理并进行深入思考的能力，这种能力的培养可以产生更多更优秀的“种子”。

3. 建立大学与企业的联系

斯坦福大学持续不断地与企业发展合作交流的传统一直被保留下来，这不仅为学校获得较高水平的学术研究做支持，同时有助于社会公共服务事业的发展。企业和学校多种合作模式中，斯坦福大学首创了“科技工业园区”模式，这是一种互动互利式的关系。一方面企业得到最新的科研成果可以高速发展，另一方面，学校得到企业支持可以更好更快地完成科学研究项目，持续为企业服务。斯坦福大学和硅谷之间就存在着这样互利互惠的良性循环。

斯坦福大学同企业签订长期的合作计划，不仅鼓励学校内部研究人员的科研成果商业化，而且为企业提供不同等级和层次的教育培训服务，帮助传播最新科研成果以及培养高等技术型人才。企业通过斯坦福大学引入最新的科学研究成果以及尖端的技术人才，企业效益得到进一步的扩大。

二、国外高校创新创业人才培养经验

国外发达国家开展创新创业教育的历史较长，美国、德国、日本、新加坡等国家高度重视创新创业教育，着重培养大学生的企业家精神，已经形成了卓有成效的创新创业人才培养经验①。

（一）创新创业课程

创新创业人才的培养需要对传统课程设置模式和内容进行更新和变革，建立起更加适合创新创业人才形成的课程体系，从而为创新创业人才培养提供重要支撑。对此，世界许多国家的高校都进行了有益的探索与实践。如美国和加拿大的高校根据创业教育项目侧重点的不同开设了不同的创业教育课程，其中给本科生开设的创业课程排在前面的依次是创业或创建新企业、小企业管理、创业咨询、创建和运营新企业、创业财务；而给研究生开设的前几名课程依次是创业或创建新企业、小企业管理、创业咨询、创新评价、创建和运营新企业、公司创业、创业营销、家族企业等。英国高校在长期实践中形成了创业意识、创业通识和创业职业三个层次的创新创业人才培养课程体系。其中，创业意识重在培养学生的创业精神与创新意识，形成尊重创新创业的社会文化；创业通识重在培养学生具有企业家的思维习惯，学会以企业家的眼光认识问题；创业职业则重在通过掌握企业经营管理理论，成就具有创业潜质的学生，帮助他们成为未来的创业者或企业家。印度很多高校也都开设了与创业相关的课程，他们既重视相关教材编写的质量，从基础上保证创业教育理论的先进性，又重视创业学课程讲授者的学术水平，主要由高校教授承担理论部分，实践部分则由具有较强实践经验的校外教授承担。

---

① 洪柳．创新创业教育视域下高校公共事业管理专业实践教学体系改革研究与探索［M］．长春：吉林大学出版社，2018：126-128.

（二）创新创业项目

从目前国外高校创新创业教育的实践来看，通过设立各级各类创新创业项目来培养大学生的创新创业能力，已经成为一种较为普遍和通行的做法。根据最新调查结果，目前美国几乎所有的研究型大学都设立了本科生研究计划，本科生研究活动不但已经扩展到所有专业和年级的学生，而且涉及更加广阔的学科领域。如加州大学伯克利分校设立的本科生科研计划主要有“本科生科研学徒计划”“赫斯学者计划”“校长本科生研究奖学金”“本科生研究经验计划”等；麻省理工学院的本科生科研项新孵化和创业中心直接管理的孵化资金已经超过了 13491271.15 美元。

（三）高校科技园

当前，高校科技园作为一种新兴的科技创新主体，已经成为创新创业人才培养的重要支撑平台。西欧发达国家为了发展高新技术产业，从 20 世纪 80 年代开始就纷纷建立起规模不等的科技园区，其中比较著名的有英国的剑桥大学科学园、牛津大学科学园、赫尔大学科学园以及曼彻斯特大学科学园，德国的海德堡大学科技园区和慕尼黑大学高科技工业园区，法国的巴黎大学高科技工业园区和索菲亚大学科技工业园区等。日本许多高校也都建立了科学园区，如比较负有盛名的筑波大学高技术科学城。这些科技园区主要以高校为依托和中心，强化与专门的科研机构及生产企业的紧密合作，在开发了新技术、新产业以及新产品的同时，也为培养新的科技创新创业人才做出了巨大贡献。再如印度，在国家科技署的领导和操作下，在全国各地建立几十个科技创新创业园区，每年都能研发 100 余项新技术与新产品，营业额达到了 13 亿卢比，从而实现了“产学研”利益的最大化。

（四）导师制

在高校推行创新创业“导师制”，在导师引领下更快更好地提升大学生的创新创业能力，是国外高校创新创业人才培养积累的有益经验，也是创新创业人才培养的重要路径。英国的剑桥大学和牛津大学都特别推崇“导师制”，认为它不仅有利于差异性教学和个性化教学，而且有利于开发大学生的创造性潜能，培养其独立钻研和开拓进取的创新意识和创新精神。据统计，牛津大学目前有教师 1366 名、学生约 15500 名，每位导师平均一周要辅导学生 1 次，时间大约 1 小时。美国的斯坦福大学也有一个特别的规定，即每位教授都应当拥有一定的科研项目，都要指导高年级本科生或者研究生进行科学研究活动，教授要承担研究生大约一半的学费，而学生则需要完成教授规定的相关科研任务。

国外发达国家非常重视高校创新创业教育，形成了创新创业课程模式、创新创业项目模式、高校科技园模式和导师制模式等卓有成效的创新创业人才培养模式。国外创新创业人才培养得益于健全且发达的创新创业教育体系，内容丰富多样的创新创业教育模式是进行创新创业人才培养的重要前提和良好基础。

第二节　国外高校创新创业教育特点

伴随着知识经济的出现，创业教育在发达国家如火如荼地展开，形成了较为系统的创业教育体系，引起了各国高等教育部门的重视，联合国教科文组织将创业教育称为继学历教育和职业教育之后的第三本“护照”。从世界范围来看，创新创业教育已成为很多国家高校发展的共识，大学生创新创业教育成效的高低也成为衡量一国经济发展活力的重要标志之一①。随着国外创新创业教育的不断深入，美国、德国、澳大利亚、英国、日本等发达国家高校在创新创业教育探索中，从理论到实践呈现出鲜明的特色②。

一、创新创业教育具有主导性地位

发达国家能从战略高度定位创新创业教育，重视创新创业教育研究，营造良好的创新创业教育外部环境，从教育创新、体制创新、人才培养创新的高度来认识创新创业教育，将创新创业视为高校人才培养的办学使命。为了实现这一人才培养目标，国外高校除了开设相应的课程体系外，还将创新创业教育渗透在人才培养的各个环节，与专业教育紧密结合③。培养大学生创业意识和创业精神是创业教育的精髓。创新是美国创业精神的关键，创业精神是美国最重要的战略优势。英国高校将创业精神渗透到高校治理中，将创新创业教育融入高校战略规划甚至教师的个人学术发展规划中。德国高校非常注重大学生创业精神和独立精神的培养，重视创新创业基础知识的传授，还非常注重训练学生的跨学科能力，树立企业家精神。

二、政府强有力的推动

英国大学生创业教育兴盛于20世纪80年代，是世界上创业教育比较

---

① 叶柏森．大学生创业教育的国际镜鉴及启示［J］．江苏高教，2016（3）：108-110.

② 洪柳．我国高校创新创业教育短板分析及应对策略［J］．继续教育研究，2018（4）：35-41.

③ 谢秀兰．国外高校创新创业教育的特点与启示［J］．创新与创业教育，2017（1）：115-118.

成功的国家之一。1987 年，英国政府开始实施“高等教育创业计划”，由此拉开了英国大学生创业教育的序幕。“高等教育创业计划”要求将与工作相关的学习纳入课程中。1999 年，伦敦商学院参与建立了全球创业观察项目；同年，成立了大学创业教育管理机构——英国科学创业中心。英国政府将创业和创业教育作为优先发展领域，将创业教育纳入正规教育，成为高校一项根本教育任务，从人力、物力、政策上提供支持和保障，把创业教育作为终身教育来抓，把培养大学生的创业品质和意志、创业精神和创业意识作为英国高校创业培养的重点。英国政府的推动促使英国高校创业教育得到了长足的发展。

三、具有完备的高校创新创业教育体系

创业教育最早始于 20 世纪 40 年代的美国，1947 年，哈佛大学商学院教授迈赖斯·迈斯开设了“新创业管理”课，这是美国大学创业教育的第一门课程，拉开了美国大学创业教育的序幕[①]。美国许多顶尖大学也提供创业教育课程和学位。目前，美国已拥有完备的创新创业教学体系，已有超过 1600 所大学、学院和社区学院开设了 2200 门创新创业教育课程，以百森商学院、麻省理工大学、哈佛大学等为代表的高校已经建立了 100 多个创业中心[②]。

澳大利亚高校创业教育起步较早，20 世纪 60 年代，澳大利亚高校开展了大学生创业教育，以课堂教学为主，开展小企业短期培训；20 世纪 80 年代中期至 90 年代初期，澳大利亚高等教育进入大众化阶段，导致供

① 熊飞，邱菀华 . 中美两国创业教育比较研究［J］. 北京航空航天大学学报（社会科学版），2005（4）：73–77.

② 冯丽霞，王若洪 . 创新与创业能力培养［M］. 北京：清华大学出版社，2013：10.

求关系不平衡，一些高校开始调整办学模式，开设创业教育课程；现今，澳大利亚已有80%的高校开设了创业教育课程，并已列入绝大多数高校大学生的必修课程[①]。

德国高校创业教育于20世纪50—60年代出现端倪，德国职业院校经济类专业在开展“模拟公司”教学实践中萌生出创业教育；20世纪70—80年代，德国在非全日制学校最先开设了创业类教育课程，之后全日制高校也开设了较正式的创业课程。1970年，科隆大学开设了创业教育研究计划和教学课程；1999年，德国政府和高校开始推动社会参与大学生创业等计划，为大学生提供创业训练；进入21世纪，德国政府大力支持高校创业教育与企业的“产学结合”，不断壮大创业教育师资。德国高校具有完备的创业教育体系。

四、创业课程丰富多样

国外创业教育主要包括创业意识与创业态度的培养、创业知识学习、创业技能训练，拥有比较系统的创业教育课程培训体系。澳大利亚有专门的小企业创业培训中心，开发了大量课程和媒体系列教材。德国不仅在国内开展小企业教育培训，还作为国际合作项目进行智力输出。英国高校创业方面的课程主要分“关于创业”和“为创业”。“关于创业”课程侧重理论学习，主要传授创业必要的知识和技能，让学生认识和了解创业，开拓学生的视野，培养创业意识。在“为创业”课程中，教学内容不仅注重创业知识的传授，更注重实践能力的培养和经验的积累，开展丰富多彩的

① 冷天玖. 大学生就业指导与创业教育的多维度研究［M］. 北京：清华大学出版社，2016：173-174.

创业实践活动，可将创业实践活动转化为学分和成绩。

美国大学创业教育非常重视实践教学、案例教学、讨论式教学。斯坦福大学将创业教育作为一项重要课程，开发了“投资管理和创业财务”“创业管理”“创业机会评价”“管理成长型企业”“高科技企业的战略管理”等创业课程，邀请创业成功人士、企业家、投资家进校演说，给学生提供与风险投资公司合作的机会。国外很多高校创业课程不仅丰富多彩，形式多样，还不断改进教学方法，丰富教学内容，完善课程结构。

五、注重创业实践体验

国外创业教育非常关注大学生创业综合实践能力的培养，积极组织和开展创业实践活动。美国高校在向大学生传授创业专业理论知识时，注重实践，让学生在做中学，学以致用，培养学生的创新精神和创造能力，将创意转为创业；自 1990 年以来，美国麻省理工学院毕业生和教师平均每年创建 150 多个新公司，截至 1999 年，该校毕业生已经创办了 4000 家公司，雇佣了 110 万人，创造出 2320 亿美元的销售额[①]。美国高校设立创业中心、创业孵化器等，加强校企合作，推进创业教育的顺利开展。通过创业体验增强创业实践能力。美国高校十分注重大学生的创业实践体验，1983 年，美国得克萨斯大学奥斯汀分校举办了首届商业计划大赛，麻省理工学院、斯坦福大学等世界一流大学每年都举办创业大赛。创业教育将大学生被动地就业转变为主动地创业，鼓励大学生将创业作为自己的职业选择。日本高校也很重视为大学生提供创业实践实习机会，日本许多大学导入了德国双元制，众多企业为大学生提供了全方位创业实践实习渠道。

---

① 徐小洲，叶映华．中国高校创业教育［M］．杭州：浙江教育出版社，2010：17.

六、具有良好的创新创业教育保障机制

高校创新创业人才培养是一个系统工程，与国家政策导向、社会、家庭以及学生个体差异等各个层面相关联。高校是创新创业教育的主导者，高校创新创业教育要取得实效，需要整合资源，形成合力，配置完善的创新创业教育支持保障体系。创新创业教育保障体系来自政府、高校、风险投资机构、创业培训机构、创业资质评定机构、科技园、创业者校友联合会、创业者协会等社会机构的多方协同，主要向大学生提供政策与法律支持、指导与咨询服务、场地与设备服务、经费与项目支持等创业服务与保障。

20 世纪 90 年代，日本发生经济危机。为了缓解风险企业对传统产业的冲击，日本开始了大学生创业教育。日本特别重视创业教育，把创业教育设置为必修课。1994 年，日本高校创设“综合学科”，由必修、选修和自由科目组成，其中“产业社会与人”作为学生的必修创业课程[①]。1998 年，日本将创业教育纳入国民教育体系，把创业教育作为国家发展的重要课题。同年，日本国会通过了《大学技术转移促进法》，日本高校创业教育形成了独具特色的“官、产、学”紧密结合的教育体系，不仅拥有多层次和广泛的大学生创业教育课程体系，而且高校坚持以国家助学贷款为主，培养大学生的责任意识和自强精神。就当前的国际助学政策来看，学生贷款占主流地位。如美国联邦政府有两种主要的学生贷款：帕金斯贷款（Perkins Loan）和斯坦福贷款 （Stafford Loan），加拿大 、日本等国家学生资助体系都以贷款为主。高等教育不是义务教育，高校资助体系要以“有偿的”国家助学贷款为主。这不仅有利于优化资助体系的内部结构，而且有利于强化国家助学贷款制度的育人功能，更有利于培养学生的信用意识、责任

① 冯丽霞，王若洪．创新与创业能力培养［M］．北京：清华大学出版社，2013：11.

意识、风险意识和自强精神。而且大学生创业教育的师资力量雄厚，还将大学生创业教育与区域产业优势相结合，多渠道培养大学生的企业家精神，具有良好的创新创业教育保障机制。

第三节　我国高校创新创业教育影响因素分析

国外发达国家高校开展创新创业教育的时间较早（详见表4-2），创业教育体系相对成熟和完善，这极大地促进了国民经济的增长和社会的进步。与美国、德国、英国等发达国家创业教育相比，我国创新创业教育起步晚。我国高校创业教育始于1998年，清华大学举办首届“创业计划大赛”，率先为MBA开设了“创新与创业管理”方向，为全校本科生开设了“高新技术创业管理”课程。

表4-2　美、德、澳、英、日五国高校开启创业教育的标志性时间及事件

时间	国家	标志性事件
1947年	美国	哈佛大学设置了第一门创业课程“新创业管理”
20世纪60年代	澳大利亚	高校开展大学生创业教育
1970年	德国	科隆大学设置了第一个关于创业教育的研究计划和教学课程
20世纪80年代	英国	“高等教育创业计划”拉开了英国大学生创业教育的序幕
20世纪90年代	日本	《大学技术转移促进法》倡导创业教育，开始了大学生创业教育

我国高校创新创业教育与发达国家相比相对落后，还没有形成系统完善的创新创业教育理论与实践体系。我国高校创新创业的理论研究不够，创新创业教育实践存在诸多缺陷。目前，我国高校创新创业教育主要存在以下短板：创新创业教育理念滞后、政府的扶持机制缺位、高校创新创业教育体系缺失、创新创业教育专业师资力量薄弱、大学生创新创业比例有

待提高①。

一、创新创业教育理念滞后

相比发达国家而言，我国实行市场经济的时间较短，在市场经济环境下创业实践尚不丰富，缺乏创业知识和经验。很多大学生认为创业教育是实现就业的一个渠道，但创业是一种具有高风险性、不确定性和不稳定性的活动。在创业过程中，机遇与挑战并存，创业有可能成功，也有可能失败。我国大学生创业意识淡薄，缺乏创业的勇气和信心，面对创业还是就业的选择，他们普遍选择就业，他们认为创业是一种万不得已的选择，如果有好的条件、机遇或可能，还是希望到政府机关、事业单位、国有大中型企业等单位就业，向往一种稳定安逸的生活。但在发达国家，大学生创业是一种普遍现象，毕业创业的大学生人数占到毕业生总数的10%~20%，有些国家接近30%②。欧美国家许多大学生在毕业后甚至在大学期间就走上了创业之路，微软、雅虎、惠普等著名企业都是美国大学生创业的成功案例。如今美国95%的财富来自20世纪80年代以后受到良好创业教育的“创业一代”③。我国创新创业教育理念滞后是制约我国创新创业教育发展的瓶颈问题。人们不能科学理性地认识创新创业教育理念，固守陈旧的就业观，且就业率仍是评定一所高校教学质量好坏的关键指标，大部分高校追求学生就业率，不敢尝试，不敢突破，不敢创新，不敢创造，高校创业教育的

---

① 洪柳．我国高校创新创业教育短板分析及应对策略［J］．继续教育研究，2018（4）：35-41.

② 吴勇．大学生创业教育［M］．北京：北京师范大学出版社，2014：3.

③ 张留禄．七百万人的工作在哪里：公共管理视角下的大学生就业促进问题研究［M］．北京：北京大学出版社，2016：102.

普及推广率较低，至今还是少数人的创业活动，这就束缚了成就未来辉煌的可能。

二、政府的扶持机制缺位

根据麦克思研究院发布的《2016 年中国本科生就业报告》，我国 2015 届大学毕业生自主创业的比例为 3%，2014 届为 2.9%，2013 届为 2.3%[①]。从近三届的趋势可以看出，虽然大学毕业生自主创业比例呈现上升趋势，但仍大大低于发达国家 20% 左右的大学生创业比例。在适龄劳动人口中，希望创业、愿意创业、敢于创业的人数也比较少，城镇居民创业意愿不到 5%[②]。由于大学生还不是我国现有创业大军的主体，工商、税务、人力资源等政府部门对大学生创办企业还不够重视。虽然国家和地方政府对大学生创业相继出台了一些优惠政策，但多数大学生对优惠政策不甚了解，不知如何办理优惠手续。甚至一些高校就业指导中心的老师也对政策解读不清，政策的宣传力度或宣传途径不畅，致使大学生创业优惠政策处于模糊地带，不能很好落实，也发挥不了政策的导向作用。此外，政府创业财政投入资金有待加强，创业行政管理有待改善，创业政策有待完善，创业服务有待提升，政府创业扶持力度不够。

三、高校创新创业教育体系缺失

近年来，我国设立了一些与创新创业教育相关的指导性文件，从制度

① 麦克斯研究院. 2016 年中国本科生就业报告［M］. 北京：社会科学文献出版社，2016：104.

② 我国大学生创业比例低于发达国家源于创业环境［EB/OL］.（2019-9-24）［2020-04-16］. http://www.scnu-usq.cn/dx/9542.html.

层面上保障和规范了高校创新创业教育的开展。我国高校创新创业教育正逐步从外围、边缘状态向圆心聚向，创新创业教育正逐渐被高校重视起来，各高校根据国家要求开设创新创业课程，开展创新创业训练，建设创业实习基地等，但就目前而言，我国高校尚未建立完备的创新创业教育体系，很多高校仅开始几门创新创业课程，创业教育意识模糊不清，不能很好地设计课程，教学内容简单，教学方法陈旧，缺乏系统的、制度化的创新人才培养体系，创业资金有限、创业知识匮乏、实践经验不足等成为制约大学生创业的瓶颈。缺乏创业精神和创业教育目标，虽然各高校已将创新创业学分设置在人才培养方案中，但创新创业课程的设置简单、随意、课程趋同，缺乏科学性、实践性和创业环境，创新创业课程在人才培养方案中所占比例较小，创新创业教育资金投入有限，缺乏人力、物力、财力和法律政策法规的全方位支持，大学生创新创业能力提升空间十分有限。

四、创新创业教育专业师资力量薄弱

纵观发达国家创业教育，其师资队伍主要由资深专家、成功人士、政府官员组成，他们经验丰富，熟悉创业流程和企业发展变化、运营规律。高校创新创业教育是一项将创新创业理论与实践相结合的指导性活动，这就要求高校从事创新创业教育的教师具备扎实的创新创业理论知识、素养和丰富的实践经验，能够在三尺讲台、模拟平台或实践场所里凭借自己深厚的专业理论功底、笃厚的社会阅历侃侃而谈，循序善诱、游刃有余地驾驭课堂，激发大学生创新创业的热情和兴趣，增加大学生创业的信心，将第一课堂、第二课堂与第三课堂充分地融合，将创新创业理念与实践紧密地结合。然而，从现实上看，从整体上说，我国高校创新创业教育指导教师缺乏创业知识、创业经历，缺乏专家素养、企业家精神和丰富的实践经验。

创新创业教育师资队伍参差不齐，通常由就业指导课教师和高校辅导员等兼任，绝大多数创新创业教育指导教师没有开公司、办企业等创业实践经历和经验，缺乏创业体验，其整体素质难以满足创新创业教育实践教学的需要，缺乏一支专业化的创新创业教育师资队伍，致使我国高校大学生创新创业教育效果大打折扣。

五、大学生创新创业的比例有待提高

从毕业生人数来看，2017 年全国高校毕业生人数达 795 万人；2018 年全国高校毕业生首次突破了 800 万人，2019 年高校毕业生为 834 万人，比 2018 年还多 14 万人，再创近 10 年毕业生人数新高，2020 届高校毕业生 874 万人，同比增加 40 万人，毕业生人数再创历史新高。因此，就业创业工作面临复杂严峻的形势。

自 2011 年以来，全国毕业生人数按照 2%~5% 的同比增长率逐年增长，2011—2020 年累计毕业生人数达到 7603 万。面对成百上千万的毕业生浩浩荡荡地涌入市场大潮，我国本科毕业生正在从“单一出口”（受雇全职工作）向“多口径分流”，即由“在国内读研”+“在港澳台及海外读研”向“自主创业”转变。应届毕业生创业比例上升，但毕业三年后的创业比例更高，更多的毕业生选择工作一段时间后再投身创业。本科生在毕业半年后选择自主创业的比例从 2010 届的 0.9% 上升到 2015 届的 2.1%。这条渠道经过半年的沉淀，对就业的分流效果更明显，以 2012 届本科毕业生为例，毕业半年后创业比例为 1.2%，毕业三年后增长为 3.7%，创业存活率增长为 48.6%[①]。我国大学生创新创业比例有待提高，要以发展的眼光看

① 张留禄 . 七百万人的工作在哪里：公共管理视角下的大学生就业促进问题研究［M］. 北京：北京大学出版社，2016：18–19.

待和扶持大学生创新创业，要看到大学生创新创业教育带来的持续影响和作用；做好、做足、做充分大学生创新创业教育，让大学生拥怀创新创业理念，树立创新创业精神，勇于创新，敢于创业，为实现人生美好愿景而奋斗。

第五章　广西高校创新创业教育人才培养现况调查

本调查样本以广西壮族自治区内高等院校大学生为调查对象，通过设计《高校创新创业教育人才培养现况与劳动力市场需求关系的调查问卷》以了解广西高校创新创业人才培养的现况。通过对调查对象的访谈与问卷调查，旨在分析影响广西高校大学生创新创业行为产生的主要因素，探讨大学生的创业行为和影响因素。以便政府、学校、社会等能够更好地支持大学生创业，营造良好的创业环境，推动大学生创业和实现就业。

第一节　广西高校创新创业教育人才培养现况调查样本分析

在教育部发布的 2019 年全国高等学校名单中，全国高等学校共计 2956 所，其中，普通高等学校 2688 所（含独立学院 257 所），成人高等学校 268 所。根据教育部公布的"2019 年全国高等学校名单"[①]，广西共有 78 所普通高校，包括 38 所本科院校和 40 所高职高专院校，其中，广西大学是广西唯一一所"211"高校。

选取具有针对性与代表性的调查样本是本次调研的重要工作。本研究选取广西大学、广西医科大学、广西民族大学、广西师范大学、广西中医药大学、广西科技大学、桂林理工大学、南宁师范大学、广西财经学院、玉林师范学院、广西区内高职院校等高校大学生开展线上和线下问卷调查。采用实地调研与问卷相结合的调查方式，于 2018—2019 年对南宁、桂林、柳州、玉林等地高校大学生进行调研。本次调查共发放问卷 1500 份，回收问卷 1321 份，回收率为 88.07%。问卷回收后，经逐份浏览和排查，将题目空缺及答题一致的视为无效问卷，去除无效问卷 143 份，有效问卷 1178 份，有效率为 89.17%。

调查问卷的第一部分是调查样本的个人基本信息，主要包括性别、学校类型、年级、专业、家庭所在地、每月的生活费支出、父亲的文化程度、母亲的文化程度、父亲的职业、母亲的职业、在校获得奖学金的情况、英语水平或等级、在大学期间参与科研课题或项目训练的经历等，由 13 个测试题项组成。第二部分是关于创新创业教育人才培养的调查，由 24 个测试题项组成。测试题主要有：对创新创业感兴趣的程度、对创新创业的了解程度、对创新创业的理解、大学生创业的主要目的、身边正在创业的人的数量、对大学生创业所持的态度、家庭对大学生创业所持的态度、大学生在毕业后的第一选择、影响大学生创业倾向的因素、是否会去实现自

---

① 中华人民共和国教育部.2019 年全国高等学校名单[EB/OL].(2019-06-17)[2019-09-28]. http://www.moe.gov.cn/jyb_xxgk/s5743/s5744/A03/201906/t20190617_386200.html.

己的创新创业想法、大学生创业的想法的缘起、大学生对中央政府和广西地方政府出台的扶持政策的了解程度、大学生在创新创业的过程中存在的阻碍、创新创业课程能否满足大学生的需求、教师在创新创业教育中的作用、学校开设了哪些创新课程、学校开设的创新创业课程对大学生是否有帮助、学校开设的创新创业课程是否与专业相关、学校的创新创业氛围、学校创新创业教育开展的活动、大学生是否参加过学校举办的创新创业活动、哪种创新创业教育的形式效果较好、哪种方式可以提升大学生的创新创业能力、影响学校创新创业教育成效的因素等。调查样本的基本信息和创新创业教育人才培养信息，以考察大学生的性别特征、院校特征、年级、家庭背景、大学经历、创新创业教育人才培养、创业与所学专业的关系等。从大学生的基本信息的调查研究发现：性别、年级、家庭背景、大学经历、创新创业人才培养、专业等对大学生的创业行为有一定的影响。

第二节　广西高校创新创业教育人才培养现况调查结果分析

一、基本信息的调查结果分析

1. 您的性别是（　　）

A. 男　　　　　　B. 女

表 5-1 显示，39.1% 的被测是男大学生，60.9% 的被测是女大学生。

表 5-1　您的性别

项目	频次	百分比	有效百分比	累计百分比
男	461	39.1%	39.1%	39.1%
女	717	60.9%	60.9%	100.0%
总计	1178	100.0%	100.0%	

2. 您的学校类型是（　　）

A.“211”高校　　B. 普通本科院校　　C. 高职院校

表5–2显示，6.9%的高校是“211”高校，56.5%的高校是普通本科院校，36.6%的高校是高职院校。

表5–2　您的学校类型

项目	频次	百分比	有效百分比	累计百分比
“211”高校	81	6.9%	6.9%	6.9%
普通本科院校	665	56.5%	56.5%	63.4%
高职院校	432	36.6%	36.6%	100.0%
总计	1178	100.0%	100.0%	

3. 您所在的年级是（　　）

A. 大一　　B. 大二　　C. 大三　　D. 大四

表5–3显示，大一学生占比为41.8%，大二学生占比为27.0%，大三学生占比为23.3%，大四学生占比为7.9%。由于医学专业学制五年，调查样本中涉及医学专业有大五的学生，但因大五的被测样本较少，本研究在样本统计时将大五与大四的学生进行了合并。

表5–3　您所在的年级

项目	频次	百分比	有效百分比	累计百分比
大一	492	41.8%	41.8%	41.8%
大二	318	27.0%	27.0%	68.8%
大三	275	23.3%	23.3%	92.1%
大四	93	7.9%	7.9%	100.0%
总计	1178	100.0%	100.0%	

4. 您的专业是（　　）

A. 人文社科　　B. 理工农医　　C. 其他

本研究在进行样本统计时，人文社科专业包括哲学、经济学、法学、教育学、文学、历史学、管理学；理工农医专业包括理学、工学、农学、医学；其他专业包括军事学、艺术学。表5–4显示，人文社科专业占比为

34.5%，理工农医专业占比为 62.0%，其他专业占比为 3.5%。

表 5–4　您的专业

项目	频次	百分比	有效百分比	累计百分比
人文社科	406	34.5%	34.5%	34.5%
理工农医	730	62.0%	62.0%	96.5%
其他	42	3.5%	3.5%	100.0%
总计	1178	100.0%	100.0%	

5. 您的家庭所在地是（　　）

A. 城市　　B. 县镇　　C. 农村

表 5–5 显示，14.8% 的被测大学生来自城市，15.8% 的被测大学生来自县镇，69.4% 的被测大学生来自农村。家庭所在地为农村的被测大学生占比居多。

表 5–5　您的家庭所在地

项目	频次	百分比	有效百分比	累计百分比
城市	174	14.8%	14.8%	14.8%
县镇	186	15.8%	15.8%	30.6%
农村	818	69.5%	69.4%	100.0%
总计	1178	100.0%	100.0%	

6. 您每月的生活费支出是（　　）

A. 600 元以下　　B. 600 ~ 1000 元

C. 1001 ~ 2000 元　　D. 2000 元以上

表 5–6 显示，16.7% 的被测大学生每月的生活费支出低于 600 元，58.1% 的被测大学生每月的生活费支出在 600 ~ 1000 元，22.9% 的被测大学生每月的生活费支出在 1001 ~ 2000 元，2.3% 的被测大学生每月的生活费支出在 2000 元以上。

表 5–6　您每月的生活费支出

项目	频次	百分比	有效百分比	累计百分比
600 元以下	197	16.7%	16.7%	16.7%
600 ~ 1000 元	685	58.1%	58.1%	74.8%

表 5–6（续）

项目	频次	百分比	有效百分比	累计百分比
1000 ～ 2000 元	270	22.9%	22.9%	92.1%
2000 元以上	96	2.3%	2.3%	100.0%
总计	1178	100.0%	100.0%	

7. 您父亲的文化程度是（　　　）

A. 小学　　　　B. 初中　　　　C. 高中（包括中专）

D. 大学（包括大专）　　　　E. 硕士及以上

表 5–7 显示，31.7% 的被测大学生的父亲的文化程度为小学，40.3% 的被测大学生的父亲的文化程度为初中，18.0% 的被测大学生的父亲的文化程度为高中（包括中专），9.2% 的被测大学生的父亲的文化程度为大学（包括大专），0.8% 的被测大学生的父亲的文化程度为硕士及以上。

表 5–7　您父亲的文化程度

项目	频次	百分比	有效百分比	累计百分比
小学	373	31.7%	31.7%	31.7%
初中	476	40.3%	40.3%	72.0%
高中（包括中专）	212	18.0%	18.0%	90.0%
大学（包括大专）	108	9.2%	9.2%	99.2%
硕士及以上	9	0.8%	8%	100.0%
总计	1178	100.0%	100.0%	

8. 您母亲的文化程度是（　　　）

A. 小学　　　　B. 初中　　　　C. 高中（包括中专）

D. 大学（包括大专）　　　　E. 硕士及以上

表 5–8 显示，47.5% 的被测大学生的母亲的文化程度为小学，34.6% 的被测大学生的母亲的文化程度为初中，11.4% 的被测大学生的母亲的文化程度为高中（包括中专），6.1% 的被测大学生的母亲的文化程度为大学（包括大专），0.4% 的被测大学生的母亲的文化程度为硕士及以上。

表 5-8　您母亲的文化程度

项目	频次	百分比	有效百分比	累计百分比
小学	559	47.5%	47.5%	47.5%
初中	407	34.6%	34.6%	82.1%
高中（包括中专）	135	11.4%	11.4%	93.5%
大学（包括大专）	72	6.1%	6.1%	99.6%
硕士及以上	5	0.4%	0.4%	100.0%
总计	1178	100.0%	100.0%	

9. 您父亲的职业是（　　）

A. 农民、渔夫、牧民等　　B. 经商个体户

C. 会计师、教师、医护人员、律师、工程师、科研人员、法官等

D. 餐饮服务员、售货员、工厂工人、建筑工人、城市环卫工人、公司职员、司机、导游等

E. 公务员、事业单位工作人员　　F. 待业　　G. 其他

表 5-9 显示，45.8% 的被测大学生的父亲的职业是农民、渔夫、牧民等，11.4% 的被测大学生的父亲的职业是经商个体户，5.4% 的被测大学生的父亲的职业是会计师、教师、医护人员、律师、工程师、科研人员、法官等，19.3% 的被测大学生的父亲的职业是餐饮服务员、售货员、工厂工人、建筑工人、城市环卫工人、公司职员、司机、导游等，4.3% 的被测大学生的父亲的职业是公务员、事业单位工作人员，3.9% 的被测大学生的父亲待业，9.9% 的被测大学生的父亲从事其他职业。

表 5-9　您父亲的职业

项目	频次	百分比	有效百分比	累计百分比
农民、渔夫、牧民等	539	45.8%	45.8%	45.8%
经商个体户	134	11.4%	11.4%	57.2%
会计师、教师、医护人员、律师、工程师、科研人员、法官等	64	5.4%	5.4%	62.6%
餐饮服务员、售货员、工厂工人、建筑工人、城市环卫工人、公司职员、司机、导游等	227	19.3%	19.3%	81.9%

表 5-9（续）

项目	频次	百分比	有效百分比	累计百分比
公务员、事业单位工作人员	51	4.3%	4.3%	86.2%
待业	46	3.9%	3.9%	90.1%
其他	117	9.9%	9.9%	100.0%
总计	1178	100.0%	100.0%	

10. 您母亲的职业是（　　）

A. 农民、渔夫、牧民等

B. 经商个体户

C. 会计师、教师、医护人员、律师、工程师、科研人员、法官等

D. 餐饮服务员、售货员、工厂工人、建筑工人、城市环卫工人、公司职员、司机、导游等

E. 公务员、事业单位工作人员　F. 待业　G. 其他

表 5-10 显示，46.3% 的被测大学生的母亲的职业是农民、渔夫、牧民等，11.2% 的被测大学生的母亲的职业是经商个体户，5.0% 的被测大学生的母亲的职业是会计师、教师、医护人员、律师、工程师、科研人员、法官等，17.6% 的被测大学生的母亲的职业是餐饮服务员、售货员、工厂工人、建筑工人、城市环卫工人、公司职员、司机、导游等，2.9% 的被测大学生的母亲的职业是公务员、事业单位工作人员，6.6% 的被测大学生的母亲待业，10.4% 的被测大学生的母亲从事其他职业。

表 5-10　您母亲的职业

项目	频次	百分比	有效百分比	累计百分比
农民、渔夫、牧民等	545	46.3%	46.3%	46.3%
经商个体户	132	11.2%	11.2%	57.5%
会计师、教师、医护人员、律师、工程师、科研人员、法官等	59	5.0%	5.0%	62.5%
餐饮服务员、售货员、工厂工人、建筑工人、城市环卫工人、公司职员、司机、导游等	207	17.6%	17.6%	80.1%

表 5-10（续）

项目	频次	百分比	有效百分比	累计百分比
公务员、事业单位工作人员	34	29%	2.9%	82.9%
待业	78	66%	6.6%	89.6%
其他	123	104%	10.4%	100.0%
总计	1178	100.0%	100.0%	

11. 您在校获得奖学金的情况是（　　）

A. 获得国家级奖学金　　B. 获得一等奖学金

C. 获得二等奖学金　　D. 获得三等奖学金　　E. 其他

表 5-11 显示，7.6% 的被测大学生在校获得国家级奖学金，7.1% 的被测大学生在校获得一等奖学金，6.6% 的被测大学生在校获得二等奖学金，5.4% 的被测大学生在校获得三等奖学金，73.3% 的被测大学生在校获得其他奖学金。

表 5-11　您在校获得奖学金的情况

项目	频次	百分比	有效百分比	累计百分比
获得国家级奖学金	90	7.6%	7.6%	7.6%
获得一等奖学金	84	7.1%	7.1%	14.7%
获得二等奖学金	78	6.6%	6.6%	21.3%
获得三等奖学金	63	5.4%	5.4%	26.7%
其他	863	73.3%	73.3%	100.0%
总计	1178	100.0%	100.0%	

12. 您的英语水平或等级是（　　）

A. 大学英语四级　　B. 大学英语六级

C. 专业英语四级　　D. 专业英语八级

E. 其他

表 5-12 显示，27.2% 的被测大学生英语等级为大学英语四级水平，6.0% 的被测大学生英语等级为大学英语六级水平，1.9% 的被测大学生英语等级为专业英语四级水平，0.7% 的被测大学生英语等级为专业英语八级水平，64.2% 的被测大学生英语等级为其他。

表 5-12　您的英语水平或等级

项目	频次	百分比	有效百分比	累计百分比
大学英语四级	320	27.2%	27.2%	27.2%
大学英语六级	71	6.0%	6.0%	33.2%
专业英语四级	22	1.9%	1.9%	35.1%
专业英语六级	8	0.7%	0.7%	35.8%
其他	757	64.2%	64.2%	100.0%
总计	1178	100.0%	100.0%	

13. 您在大学期间参与过科研课题或项目训练吗？（　　）

A. 有　　　　　　　　　B. 没有

表 5-13 显示，28.9% 的被测大学生在大学期间参加过科研课题或项目训练，71.7% 的被测大学生在大学期间没有参加过科研课题或项目训练。

表 5-13　您在大学期间参与过科研课题或项目训练吗？

项目	频次	百分比	有效百分比	累计百分比
有	341	28.9%	28.9%	28.9%
没有	837	71.1%	71.1%	100.0%
总计	1178	100.0%	100.0%	

表 5-14　调查样本分布基本情况

变量	属性	人数	百分比
性别	男	461	39.1%
	女	717	60.9%
学校类型	"211"高校	81	6.9%
	普通本科院校	665	56.5%
	高职院校	432	36.6%
年级	大一	492	41.8%
	大二	318	27.0%
	大三	275	23.3%
	大四	93	7.9%
专业	人文社科	406	34.5%
	理工农医	730	62.0%
	其他	42	3.5%
家庭所在地	城市	174	14.8%
	县镇	186	15.8%
	农村	818	69.4%
每月的生活费支出	600 元以下	197	16.7%
	600 ～ 1000 元	685	58.1%
	1001 ～ 2000 元	270	22.9%
	2000 元以上	26	2.3%

表 5–14（续）

变量	属性	人数	百分比
父亲的文化程度	小学	373	31.7%
	初中	476	40.3%
	高中（包括中专）	212	18.0%
	大学（包括大专）	108	9.2%
	硕士及以上	9	0.8%
母亲的文化程度	小学	559	47.5%
	初中	407	34.6%
	高中（包括中专）	135	11.4%
	大学（包括大专）	72	6.1%
	硕士及以上	5	0.4%
父亲的职业	农民、渔夫、牧民等	539	45.8%
	经商个体户	134	11.4%
	会计师、教师、医护人员、律师、工程师、科研人员、法官等	64	5.4%
	餐饮服务员、售货员、工厂工人、建筑工人、城市环卫工人、公司职员、司机、导游等	227	19.3%
	公务员、事业单位工作人员	51	4.3%
	待业	46	3.9%
	其他	117	9.9%
母亲的职业	农民、渔夫、牧民等	545	46.3%
	经商个体户	132	11.2%
	会计师、教师、医护人员、律师、工程师、科研人员、法官等	59	5.0%
	餐饮服务员、售货员、工厂工人、建筑工人、城市环卫工人、公司职员、司机、导游等	207	17.6%
	公务员、事业单位工作人员	34	2.9%
	待业	78	6.6%
	其他	123	10.4%
在校获得奖学金的情况	获得国家级奖学金	90	7.6%
	获得一等奖学金	84	7.1%
	获得二等奖学金	78	6.6%
	获得三等奖学金	63	5.4%
	其他	863	73.3%
英语水平或等级	大学英语四级	320	27.2%
	大学英语六级	71	6.0%
	专业英语四级	22	1.9%
	专业英语八级	8	0.7%
	其他	757	64.2%
在大学期间参与科研课题或项目的经历	有	341	28.9%
	没有	837	71.1%

二、创新创业教育人才培养的调查结果分析

14. 您对创新创业是否感兴趣？（　　）

A. 特别感兴趣　　B. 比较感兴趣

C. 一般　　D. 不太感兴趣　　E. 没兴趣

表 5–15 显示，14.5% 的被测大学生对创新创业特别感兴趣，39.2% 的被测大学生对创新创业比较感兴趣，37.0% 的被测大学生对创新创业感觉一般，6.3% 的被测大学生对创新创业不太感兴趣，3.0% 的被测大学生对创新创业没兴趣。通过分析数据表明：超过半数的被测大学生对创新创业特别感兴趣或比较感兴趣，仅有少部分被测大学生对创新创业不太感兴趣或没兴趣。

表 5–15　您对创新创业是否感兴趣？

项目	频次	百分比	有效百分比	累计百分比
特别感兴趣	171	14.5%	14.5%	14.5%
比较感兴趣	462	39.2%	39.2%	53.7%
一般	436	37.0%	37.0%	90.7%
不太感兴趣	74	6.3%	6.3%	97.0%
没兴趣	35	3.0%	3.0%	100.0%
总计	1178	100.0%	100.0%	

15. 您对创新创业的了解程度是（　　）

A. 很了解　　B. 有一定的了解

C. 听说过，但不清楚　　D. 不了解

表 5–16 显示，5.6% 的被测大学生对创新创业很了解，17.3% 的被测大学生对创新创业有一定的了解，68.1% 的被测大学生听说过创新创业，但不清楚，9.0% 的被测大学生不了解创新创业。通过分析数据表明：被测大学生普遍不太了解创新创业，77.1% 的被测大学生不清楚或不了解创新创业。

表 5–16　您对创新创业的了解程度

项目	频次	百分比	有效百分比	累计百分比
很了解	66	5.6%	5.6%	5.6%
有一定的了解	204	17.3%	17.3%	22.9%
听说过，但不清楚	802	68.1%	68.1%	91.0%
不了解	106	9.0%	9.0%	100.0%
总计	1178	100.0%	100.0%	

16. 您对创新创业的理解是（不定项题）（　　）

A. 开办一个新的企业　　　　B. 开创一份新的事业

C. 开发一项创新项目　　　　D. 是一份能赚钱的工作

图 5–1 显示，79.2% 的被测大学生认为创新创业是开发一项创新项目，50.08% 的被测大学生认为创新创业是开创一份新的事业，29.37% 的被测大学生认为创新创业是开办一个新的企业，25.13% 的被测大学生认为创新创业是一份能赚钱的工作。数据分析表明：被测大学生对创新创业的理解按照选择的比重依次排序为开发一项创新项目、开创一份新的事业、开办一个新的企业、是一份能赚钱的工作。

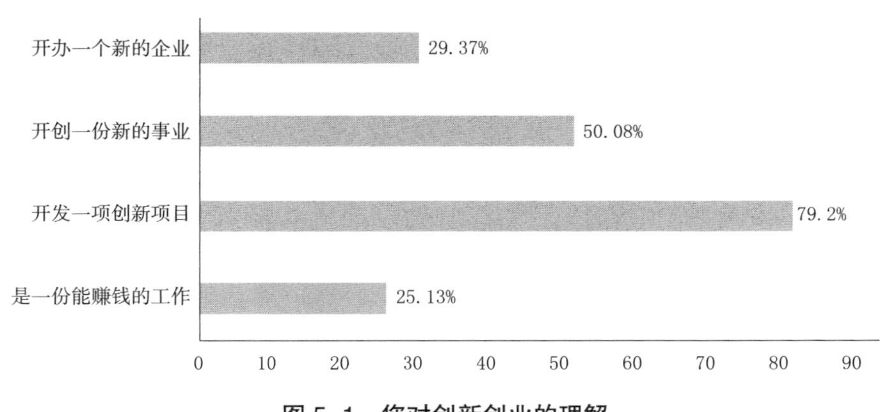

图 5–1　您对创新创业的理解

17. 您认为大学生创业的主要目的是（多选题）（　　）

A. 实现自我价值　　　　　　B. 满足个人兴趣和意愿

C. 获得社会地位和声望

D. 提升自我综合素质，为日后发展做准备

E. 可以有更好的物质生活　　　　F. 缓解就业压力，解决就业问题

图 5-2 显示，81.32% 的被测大学生认为创业的主要目的是提升自我综合素质，为日后发展做准备，76.57% 的被测大学生认为创业的主要目的是实现自我价值，56.62% 的被测大学生认为创业的主要目的是满足个人兴趣和意愿，48.56% 的被测大学生认为创业的主要目的是缓解就业压力，解决就业问题，42.11% 的被测大学生认为创业的主要目的是可以有更好的物质生活，22.16% 的被测大学生认为创业的主要目的是获得社会地位和声望。通过分析数据表明：大学生创业的主要目的按照被测大学生选择的比重依次排序为提升自我综合素质，为日后发展做准备；实现自我价值；满足个人兴趣和意愿；缓解就业压力，解决就业问题；可以有更好的物质生活；获得社会地位和声望。

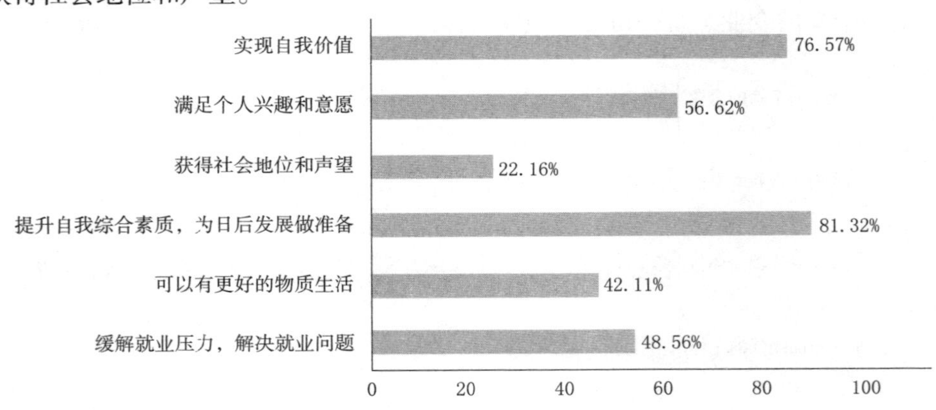

图 5-2　您认为大学生创业的主要目的是什么

18. 您身边正在创业的人多吗？（　　）

A. 很多　　　　B. 较多　　　　C. 较少　　　　D. 没有

表 5-17 显示，5.6% 的被测大学生身边有很多正在创业的人，15.6%

的被测大学生身边有较多正在创业的人，68.6% 的被测大学生身边正在创业的人较少，10.2% 的被测大学生身边没有正在创业的人。通过分析数据表明：大部分被测大学生身边正在创业的人不多。

表 5–17　您身边有正在创业的人吗？

项目	频次	百分比	有效百分比	累计百分比
很多	66	5.6%	5.6%	5.6%
较多	184	15.6%	15.6%	21.2%
较少	808	68.6%	68.6%	89.8%
没有	120	10.2%	10.2%	100.0%
总计	1178	100.0%	100.0%	

19. 您对大学生创业所持的态度是（　　）

A. 支持，对社会有积极的影响

B. 对此问题没有太多的关注

C. 不太赞同，学生应以学业为主

D. 创业风险大，应选择稳定的工作

表 5–18 显示，73.7% 的被测大学生支持大学生创业，认为大学生创业对社会有积极的影响，7.7% 的被测大学生对大学生创业问题没有太多的关注，5.5% 的被测大学生不太赞同大学生创业，认为学生应以学业为主，13.1% 的被测大学生认为大学生创业风险大，应选择稳定的工作。通过分析数据表明：大部分被测大学生对创业持支持态度，赞同大学生创业，认为创业对社会有积极的影响，但仍有部分大学生对创业不太关注、不赞同、不支持创业，对创业持否定态度。

表 5–18　您对大学生创业所持的态度

项目	频次	百分比	有效百分比	累计百分比
支持，对社会有积极的影响	968	73.7%	73.7%	73.7%
对此问题没有太多的关注	91	7.7%	7.7%	81.4%
不太赞同，学生应以学业为主	65	5.5%	5.5%	86.9%
创业风险大，应选择稳定的工作	154	13.1%	13.1%	100.0%
总计	1178	100.0%	100.0%	

20. 您的家庭对您创业所持的态度是（　　）

A. 非常不支持　　B. 不太支持

C. 比较支持　　D. 支持

表 5–19 显示，21.8% 的被测大学生的家庭非常不支持其创业，33.4% 的被测大学生的家庭不太支持其创业，37.3% 的被测大学生的家庭比较支持其创业，仅有 7.6% 的被测大学生的家庭支持其创业。通过分析数据表明：超过半数的被测大学生家庭非常不支持或不太支持其创业，仅有 7.6% 的被测大学生家庭对其创业持支持态度。

表 5–19　您的家庭对您创业所持的态度

项目	频次	百分比	有效百分比	累计百分比
非常不支持	257	21.8%	21.8%	21.8%
不太支持	393	33.4%	33.4%	55.2%
比较支持	439	37.3%	37.3%	92.4%
支持	89	7.6%	7.6%	100.0%
总计	1178	100.0%	100.0%	

21. 您在毕业后的第一选择是（　　）

A. 直接就业　　B. 考研深造

C. 考公务员或事业编　　D. 出国留学　　E. 自主创业

表 5–20 显示，62.5% 的被测大学生在毕业后的第一选择是直接就业，26.9% 的被测大学生在毕业后的第一选择是考研深造，1.6% 的被测大学生在毕业后的第一选择是考公务员或事业编，5.9% 的被测大学生在毕业后的第一选择是出国留学，3.1% 的被测大学生在毕业后的第一选择是自主创业。通过分析数据表明：被测大学在毕业后的第一选择按照选择的比重排序依次为直接就业、考研深造、出国留学、自主创业、考公务员或事业编。

表 5-20　您在毕业后的第一选择

项目	频次	百分比	有效百分比	累计百分比
直接就业	736	62.5%	62.5%	62.5%
考研深造	317	26.9%	26.9%	89.4%
考公务员或事业编	19	1.6%	1.6%	91.0%
出国留学	70	5.9%	5.9%	96.9%
自主创业	36	3.1%	3.1%	100.0%
总计	1178	100.0%	100.0%	

22. 下列哪些因素会影响到您的创业倾向？（多选题）（　　　）

A. 家庭经济状况　　B. 专业知识储备

C. 社会实践经验　　D. 社会氛围

E. 创业的成就感、经济回报与风险

F. 心理承受能力，如恐惧失败等

G. 个性特征，如冒险倾向、性格外向等

H. 政府的政策支持

I. 个人背景因素，如年龄、学历层次等

J. 高校创新创业教育环境

图 5-3 显示，81.66% 的被测大学生认为家庭经济状况会影响到大学生的创业倾向，74.87% 的被测大学生认为社会实践经验会影响到大学生的创业倾向，72.16% 的被测大学生认为专业知识储备会影响到大学生的创业倾向，55.69% 的被测大学生认为个人背景因素，如年龄、学历层次等会影响到大学生的创业倾向，45.93% 的被测大学生认为创业的成就感、经济回报与风险会影响到大学生的创业倾向，45.76% 的被测大学生认为心理承受能力，如恐惧失败等会影响到大学生的创业倾向，39.64% 的被测大学生认为个性特征，如冒险倾向、性格外向等会影响到大学生的创业倾向，39.3% 的被测大学生认为政府的政策支持会影响到大学生的创业倾向，37.27% 的被测大学生认为社会氛围会影响到大学生的创业倾向，36.08% 的被测大学生

认为高校创新创业教育环境会影响到大学生的创业倾向。通过分析数据表明：影响大学生创业的因素按照被测大学生选择的比重排序依次为：家庭经济状况；社会实践经验；专业知识储备；个人背景因素，如年龄、学历层次等；创业的成就感、经济回报与风险；心理承受能力，如恐惧失败等；个性特征，如冒险倾向、性格外向等；政府的政策支持；社会氛围；高校创新创业教育环境。

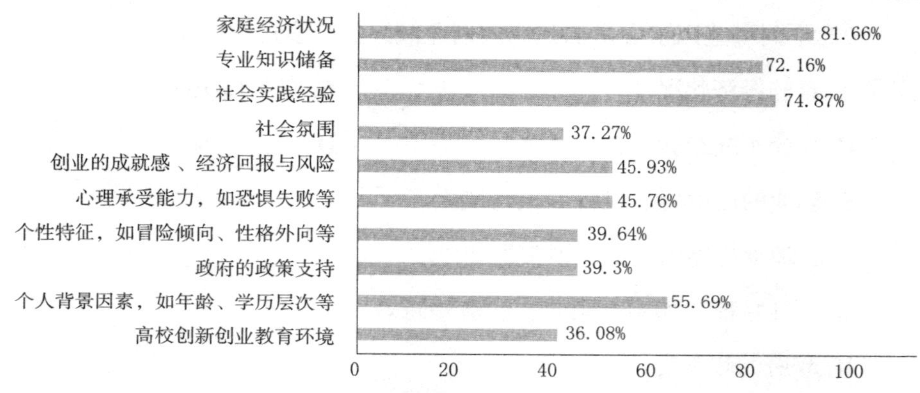

图 5-3 上面哪些因素会影响到您的创业倾向？

23. 您如果有了自己的创新创业想法，是否会去实现？（ ）

A. 马上会执行，要把握住创业机会

B. 犹豫不决，考虑是否具有现实可行性

C. 不敢付诸实践，害怕创业失败

D. 一定不会，倾向于选择稳定可靠的工作

表 5-21 显示，18.3% 的被测大学生如果有了自己的创新创业想法马上会执行，要把握住创业机会，53.1% 的被测大学生如果有了自己的创新创业想法，会犹豫不决，考虑是否具有现实可行性，11.1% 的被测大学生如果有了自己的创新创业想法，不敢付诸实践，害怕创业失败，17.5% 的被测大学生如果有了自己的创新创业想法，一定不会创业，倾向于选择稳定可靠的工作。通过分析数据表明：被测大学生如果有了自己的创新创业想

法，考虑到创业的风险，害怕创业失败，大多数大学生不会马上去行动、去实现自己的创业计划。

表 5–21　您如果有了自己的创新创业想法，是否会去实现？

项目	频次	百分比	有效百分比	累计百分比
马上会执行，要把握住创业机会	215	18.3%	18.3%	18.3%
犹豫不决，考虑是否具有现实可行性	625	53.1%	53.1%	71.4%
不敢付诸实践，害怕创业失败	131	11.1%	11.1%	82.5%
一定不会，倾向于选择稳定可靠的工作	207	17.5%	17.5%	100.0%
总计	1178	100.0%	100.0%	

24. 您创业的想法来源于（多选题）（　　　　）

A. 家庭影响　　　　B. 同辈群体影响

C. 自身兴趣　　　　D. 国家政策　　　　E. 社会氛围

图 5–4 显示，68.25% 的被测大学生创业的想法来源于自身兴趣，49.49% 的被测大学生创业的想法来源于社会氛围，46.1% 的被测大学生创业的想法来源于同辈群体影响，36.42% 的被测大学生创业的想法来源于国家政策，35.23% 的被测大学生创业的想法来源于家庭影响。通过分析数据表明：被测大学生的创业想法按照选择比重排序依次为自身兴趣、社会氛围、同辈群体影响、国家政策、家庭影响。

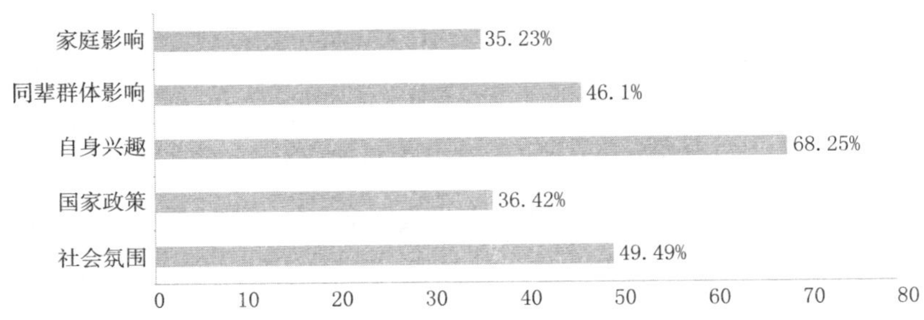

图 5–4　您创业想法的来源

25. 您对中央政府和广西地方政府出台的扶持政策了解吗？（　　）

A. 经常关注，十分了解　　B. 偶尔关注，比较了解

C. 不太关注，知道一点儿　　D. 一点儿也不清楚

表 5–22 显示，5.3% 的被测大学生对中央政府和广西地方政府出台的扶持政策经常关注，十分了解；25.6% 的被测大学生对中央政府和广西地方政府出台的扶持政策偶尔关注，比较了解；56.2% 的被测大学生对中央政府和广西地方政府出台的扶持政策不太关注，知道一点儿；12.9% 的被测大学生对中央政府和广西地方政府出台的扶持政策一点儿也不清楚。通过分析数据表明：大多数被测大学生对中央政府和广西地方政府出台的扶持政策不太关注，不太了解。

表 5–22　您对中央政府和广西地方政府出台的扶持政策了解吗？

项目	频次	百分比	有效百分比	累计百分比
经常关注，十分了解	62	5.3%	5.3%	5.3%
偶尔关注，比较了解	302	25.6%	25.6%	30.9%
不太关注，知道一点儿	662	56.2%	56.2%	87.1%
一点儿也不清楚	152	12.9%	12.9%	100.0%
总计	1178	100.0%	100.0%	

26. 您认为大学生在创新创业的过程中存在的阻碍有（多选题）（　　）

A. 缺乏资金支持　　B. 家庭反对创业

C. 心理承受能力　　D. 专业知识储备不够

E. 社会实践经验不足　　F. 创业存在的风险

G. 对好的创业机会的识别　　H. 缺乏社会支持

图 5–5 显示，87.01% 的被测大学生认为在创新创业过程中存在的阻碍是缺乏资金支持，82.77% 的被测大学生认为在创新创业过程中存在的阻碍是社会实践经验不足，74.79% 的被测大学生认为在创新创业过程中存在的阻碍是专业知识储备不够，67.66% 的被测大学生认为在创新创业过程中存

在的阻碍是创业存在的风险，58.4% 的被测大学生认为在创新创业过程中存在的阻碍是心理承受能力，43.21% 的被测大学生认为在创新创业过程中存在的阻碍是对好的创业机会的识别，41.09% 的被测大学生认为在创新创业过程中存在的阻碍是家庭反对创业，38.96% 的被测大学生认为在创新创业过程中存在的阻碍是缺乏社会支持。通过分析数据表明：被测大学生认为大学生在创新创业过程中存在的阻碍按照选择比重排序依次为：缺乏资金支持、社会实践经验不足、专业知识储备不够、创业存在的风险、心理承受能力、对好的创业机会的识别、家庭反对创业、缺乏社会支持。

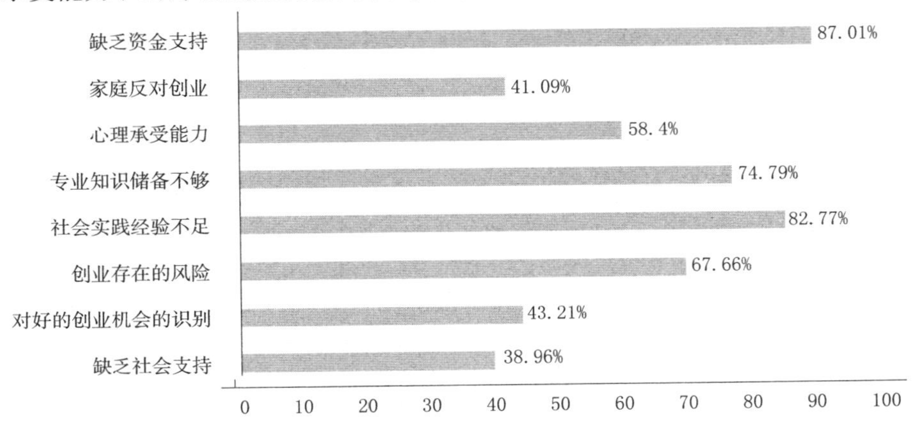

图 5–5 您认为大学生在创新创业过程中存在的阻碍

27. 您认为创新创业课程是否能满足您的需求？（ ）

A. 能满足 B. 比较能满足 C. 一般 D. 不能满足

表 5–23 显示，6.7% 的被测大学生认为创新创业课程能够满足自己的需求，21.9% 的被测大学生认为创新创业课程比较能够满足自己的需求，55.5% 的被测大学生认为创新创业课程一般能满足自己的需求，15.9% 的被测大学生认为创新创业课程不能满足自己的需求。通过分析数据表明：仅有 28.6% 的被测大学生认为创新创业课程比较能满足或能满足自己的需求，创新创业课程设置有待进一步加强与完善。

表 5-23 您认为创新创业课程是否能满足您的需求？

项目	频次	百分比	有效百分比	累计百分比
能满足	79	6.7%	6.7%	6.7%
比较能满足	258	21.9%	21.9%	28.6%
一般	654	55.5%	55.5%	84.1%
不满足	187	15.9%	15.9%	100.0%
总计	1178	100.0%	100.0%	

28. 您认为教师在创新创业教育中的作用如何？（ ）

A. 作用很大，教学效果很好

B. 作用较大，教学效果良好

C. 作用一般，教学效果一般

D. 作用较小，教学效果较差

E. 没什么作用，教学效果差

表 5-24 显示，10.4% 的被测大学生认为教师在创新创业教育中的作用很大，教学效果很好，33.9% 的被测大学生认为教师在创新创业教育中的作用较大，教学效果良好，44.7% 的被测大学生认为教师在创新创业教育中的作用一般，教学效果一般，8.1% 的被测大学生认为教师在创新创业教育中的作用较小，教学效果较差，2.9% 的被测大学生认为教师在创新创业教育中没什么作用，教学效果差。通过分析数据表明：55.7% 的被测大学生认为教师在创新创业教育中的作用不大或没什么作用，教学效果一般或不太好。教师在创新创业教育中的作用和教学效果有待进一步加强。

表 5-24 您认为教师在创新创业教育中的作用如何？

项目	频次	百分比	有效百分比	累计百分比
作用很大，教学效果很好	123	10.4%	10.4%	10.4%
作用较大，教学效果良好	399	33.9%	33.9%	44.3%
作用一般，教学效果一般	526	44.7%	44.7%	89.0%
作用较小，教学效果较差	96	8.1%	8.1%	97.1%
没什么作用，教学效果差	34	2.9%	2.9%	100.0%
总计	1178	100.0%	100.0%	

29. 您学校开设的创新课程有哪些？（不定项题）（　　）

A. 逻辑思维与创新　　B. 创新思维开发

C. 大学生创新基础　　D. 创新思维训练

E. 创新精神与实践　　F. 创造性思维与创新方法

G. 产品创新与管理　　H. 其他

图 5-6 显示，60.19% 的被测大学生的学校开设了“大学生创新基础”课程，31.07% 的被测大学生的学校开设了“逻辑思维与创新”课程，28.69% 的被测大学生的学校开设了“创新思维开发”课程，28.1% 的被测大学生的学校开设了“创新思维训练”课程，26.91% 的被测大学生的学校开设了“创新精神与实践”课程，26.66% 的被测大学生的学校开设了“创造性思维与创新方法”课程，23.34% 的被测大学生的学校开设了其他创新课程，16.89% 的被测大学生的学校开设了“产品创新与管理”课程。通过分析数据表明：被测大学生学校开设的创新课程按照选择比重排序依次为：大学生创新基础、逻辑思维与创新、创新思维开发、创新思维训练、创新精神与实践、创造性思维与创新方法、其他创新课程、产品创新与管理。

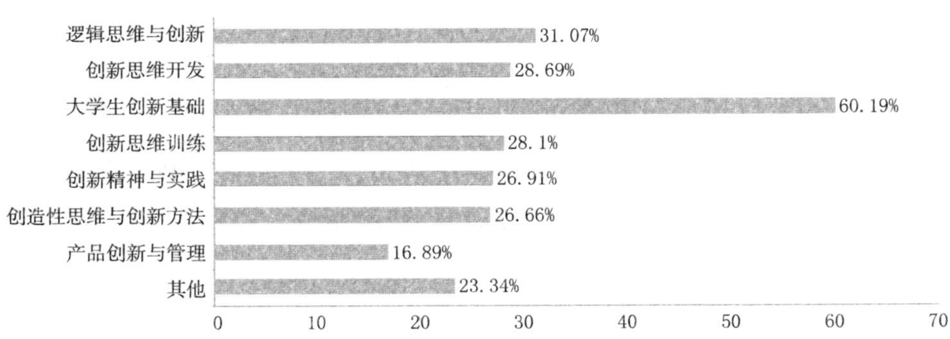

图 5-6　您学校开设的创新课程有哪些？

30. 学校开设的创新创业课程对您的帮助大吗？（　　）

A. 帮助很大，实施效果很好　　B. 帮助较大，实施效果较好

C. 帮助一般，实施效果一般　　D. 没什么帮助，实施效果不好

表 5-25 显示，7.9% 的被测大学生认为学校开设的创新创业课程对其帮助很大，实施效果很好，21.3% 的被测大学生认为学校开设的创新创业课程对其帮助较大，实施效果较好，58.7% 的被测大学生认为学校开设的创新创业课程对其帮助一般，实施效果一般，12.1% 的被测大学生认为学校开设的创新创业课程对其没什么帮助，实施效果不好。通过分析数据表明：大多数被测大学生认为学校开设的创新创业课程对其帮助不大，实施效果有待加强，仅有少部分被测大学生认为学校开设的创新创业课程对其有很大帮助，颇有成效。

表 5-25　学校开设的创新创业课程对您的帮助大吗？

项目	频次	百分比	有效百分比	累计百分比
帮助很大，实施效果很好	93	7.9%	7.9%	7.9%
帮助较大，实施效果较好	251	21.3%	21.3%	29.2%
帮助一般，实施效果一般	691	58.7%	58.7%	87.9%
没什么帮助，实施效果不好	143	12.1%	12.1%	100.0%
总计	1178	100.0%	100.0%	

31. 您认为学校开设的创新创业课程是否与专业相关？（　　）

A. 相关　　B. 比较相关　　C. 不太相关　　D. 不相关

表 5-26 显示，12.6% 的被测大学生认为学校开设的创新创业课程与专业相关，35.3% 的被测大学生认为学校开设的创新创业课程与专业比较相关，42.8% 的被测大学生认为学校开设的创新创业课程与专业不太相关，9.3% 的被测大学生认为学校开设的创新创业课程与专业不相关。通过分析数据表明：超过半数的被测大学生认为学校开设的创新创业课程与专业不太相关或不相关，高校应加强创新创业课程与专业的联系，把创新创业课

程与专业相结合。

表 5–26　您认为学校开设的创新创业课程是否与专业相关？

项目	频次	百分比	有效百分比	累计百分比
相关	148	12.6%	12.6%	12.6%
比较相关	416	35.3%	35.3%	47.9%
不太相关	504	42.8%	42.8%	90.7%
不相关	110	9.3%	9.3%	100.0%
总计	1178	100.0%	100.0%	

32. 您觉得学校的创新创业氛围怎么样？（　　）

A. 浓厚　　B. 比较浓厚　　C. 不太浓厚　　D. 不浓厚

表 5–27 显示，5.4% 的被测大学生认为学校的创新创业氛围浓厚，32.9% 的被测大学生认为学校的创新创业氛围比较浓厚，49.2% 的被测大学生认为学校的创新创业氛围不太浓厚，12.5% 的被测大学生认为学校的创新创业氛围不浓厚。通过分析数据表明：超过半数的被测大学生认为学校的创新创业氛围不太浓厚或不浓厚，学校应重视创新创业活动，给大学生营造良好的创新创业氛围。

表 5–27　您觉得学校的创新创业氛围怎么样？

项目	频次	百分比	有效百分比	累计百分比
浓厚	63	5.4%	5.3%	5.3%
比较浓厚	388	32.9%	32.9%	38.3%
不太浓厚	580	49.2%	49.2%	87.5%
不浓厚	147	12.5%	12.5%	100.0%
总计	1178	100.0%	100.0%	

33. 您学校创新创业教育开展的活动有（多选题）（　　）

A. 创新创业课　　B. 各类学科的创新创业竞赛

C. 创业讲座、沙龙　　D. 创业园区举办的活动

E. 创业孵化基地　　F. 其他

图 5–7 显示，59.93% 的被测大学生的学校开展的创新创业教育活动有各类学科的创新创业竞赛，54.16% 的被测大学生的学校开展的创新创业教

育活动有创新创业课程，49.83% 的被测大学生的学校开展的创新创业教育活动有创业讲座、沙龙，42.78% 的被测大学生的学校开展的创新创业教育活动有创业孵化基地，34.04% 的被测大学生的学校开展的创新创业教育活动有创业园区举办的活动，12.9% 的被测大学生的学校开展了其他创新创业教育活动。通过分析数据表明：被测大学生的学校开展的创新创业教育活动按照被测大学生选择的比重排序依次为：各类学科的创新创业竞赛；创新创业课程；创业讲座、沙龙；创业孵化基地；创业园区举办的活动；其他活动。

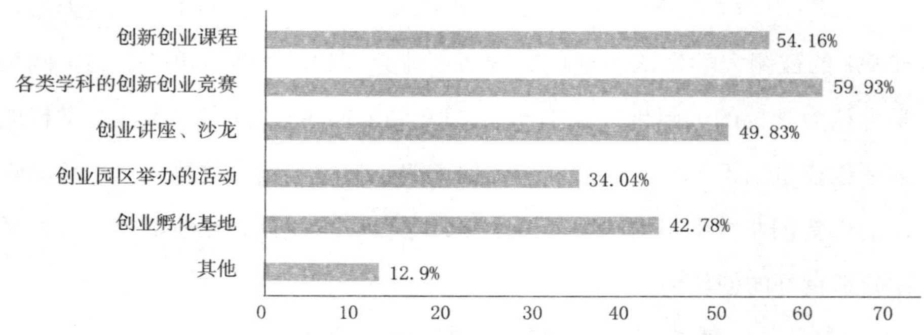

图 5–7　您学校创新创业教育开展的活动

34. 您参加过学校举办的创新创业活动吗？（　　　）

A. 参加过　　　　　　　　B. 没有参加过

表 5–28 显示，26.6% 的被测大学生参加过学校举办的创新创业活动，73.4% 的被测大学生没有参加过学校举办的创新创业活动。

表 5–28　您参加过学校举办的创新创业活动吗？

项目	频次	百分比	有效百分比	累计百分比
参加过	313	26.6%	26.6%	26.6%
没有参加过	865	73.4%	73.4%	100.0%
总计	1178	100.0%	100.0%	

35. 您认为哪种创新创业教育的形式效果较好？（多选题）（　　）

A. 选修形式的创新创业课　　B. 必修形式的创新创业课

C. 各学科的创新创业竞赛　　D. 创新创业的讲座、沙龙

E. 创业园区的各类活动　　F. 创业孵化基地

图 5–8 显示，关于创新创业教育的形式，57.89% 的被测大学生认为各学科的创新创业竞赛的形式效果较好，50.59% 的被测大学生认为创业园区的各类活动效果较好，48.73% 的被测大学生认为选修形式的创新创业课效果较好，40.92% 的被测大学生认为创业孵化基地的效果较好，40.58% 的被测大学生认为创新创业的讲座、沙龙效果较好，38.71% 的被测大学生认为必修形式的创新创业课效果较好。通过分析数据表明：哪种创新创业教育的形式效果较好，按照被测大学生选择的比重排序依次为：各学科的创新创业竞赛；创业园区的各类活动；选修形式的创新创业课；创业孵化基地；创新创业的讲座、沙龙；必修形式的创新创业课。

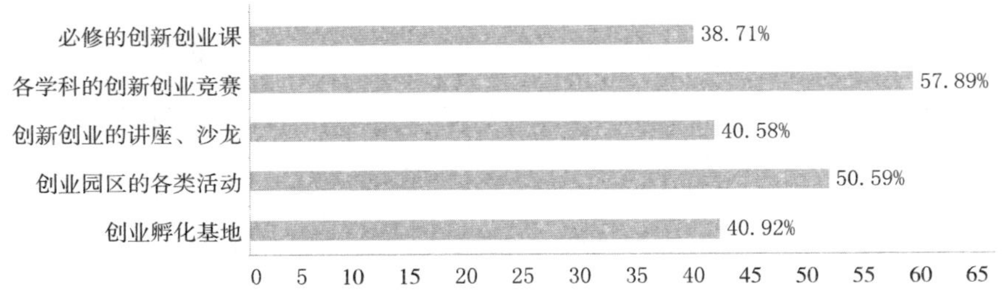

图 5–8　您认为哪种创新创业教育的形式效果较好?

36. 您认为下列哪种方式可以提升大学生的创新创业能力？（多选题）（　　）

A. 学校开设创新创业课程　　B. 参加创新创业大赛

C. 加强专业知识和技能学习　　D. 参与社会实践

E. 创业成功人士进校园分享经验　　F. 参加创新创业项目

图 5–9 显示，73.68% 的被测大学生认为参与社会实践可以提升大学生的创新创业能力，72.07% 的被测大学生认为加强专业知识和技能学习可以提升大学生的创新创业能力，68.34% 的被测大学生认为参加创新创业大赛可以提升大学生的创新创业能力，56.54% 的被测大学生认为学校开设创新创业课程可以提升大学生的创新创业能力，55.77% 的被测大学生认为参加创新创业项目可以提升大学生的创新创业能力，50.51% 的被测大学生认为创业成功人士进校园分享经验可以提升大学生的创新创业能力。通过分析数据表明：提升大学生创新创业能力的方式按照被测大学生选择的比重排序依次为：参与社会实践、加强专业知识和技能学习、参加创新创业大赛、学校开设创新创业课程、参加创新创业项目、创业成功人士进校园分享经验。

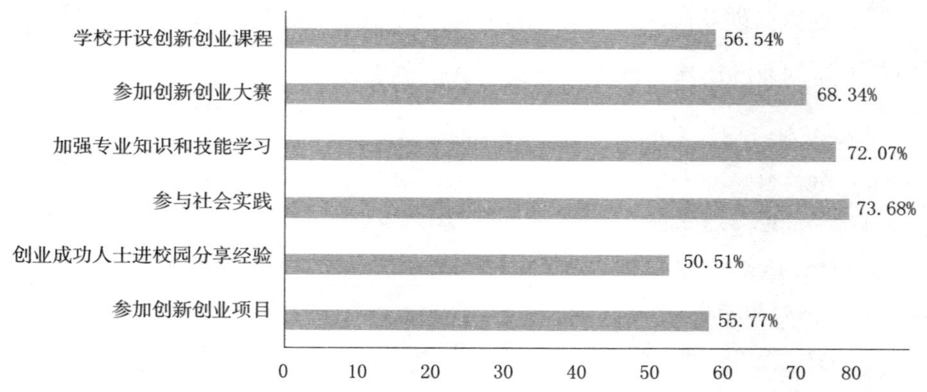

图 5–9　您认为下列哪种方式可以提升大学生的创新创业能力？

37. 您认为影响学校创新创业教育成效的因素主要有（多选题）（　　）

A. 学校相关部门的执行力度　　B. 师资水平

C. 政府政策支持力度　　D. 学生的创新创业意识和能力

E. 创业孵化基地的创立　　F. 经费支持

G. 创新创业教育体系　　　　　　　H. 其他

图 5–10 显示，75.89% 的被测大学生认为学生的创新创业意识和能力是影响学校创新创业教育成效的主要因素，67.23% 的被测大学生认为经费支持是影响学校创新创业教育成效的主要因素，65.37% 的被测大学生认为学校相关部门的执行力度是影响学校创新创业教育成效的主要因素，63.67% 的被测大学生认为政府政策支持力度是影响学校创新创业教育成效的主要因素，53.31% 的被测大学生认为师资水平是影响学校创新创业教育成效的主要因素，43.29% 的被测大学生认为创业孵化基地的创立是影响学校创新创业教育成效的主要因素，42.28% 的被测大学生认为创新创业教育体系是影响学校创新创业教育成效的主要因素，5.26% 的被测大学生认为除了上述主要因素，影响学校创新创业教育成效还有其他因素。通过分析数据表明：影响学校创新创业教育成效的主要因素按照被测大学生选择的比重排序依次为：学生的创新创业意识和能力、经费支持、学校相关部门的执行力度、政府政策支持力度、师资水平、创业孵化基地的创立、创新创业教育体系、其他因素。

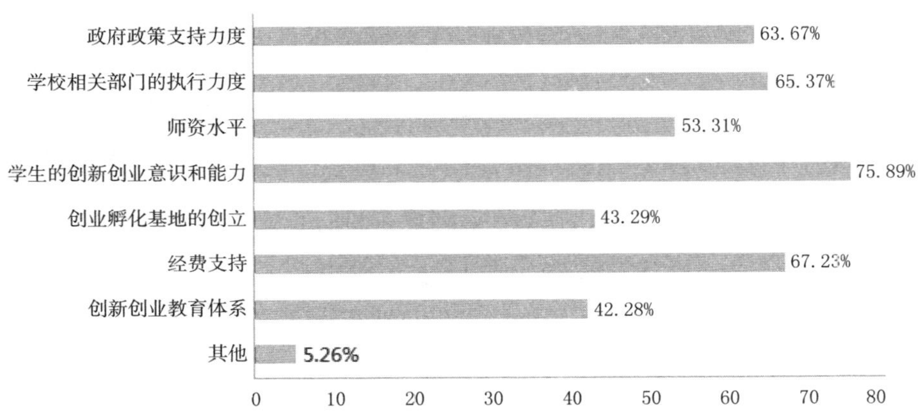

图 5–10　您认为影响学校创新创业教育成效的因素主要有哪些

三、大学生基本信息对创新创业教育人才培养的交叉列联表分析

（一）性别与创新创业兴趣统计分析列联表

表 5-29 显示，在 461 名男生中，对创新创业特别感兴趣的有 93 名，比较感兴趣的有 181 名，一般感兴趣的有 148 名，不太感兴趣的有 16 名，没兴趣的有 23 名；在 717 名女生中，对创新创业特别感兴趣的有 78 名，比较感兴趣的有 281 名，一般感兴趣的有 288 名，不太感兴趣的有 58 名，没兴趣的有 12 名；通过分析数据表明，男大学生对创新创业特别感兴趣和比较感兴趣的占比为 59%，而女大学生对创新创业特别感兴趣和比较感兴趣的占比为 50%，男大学生对创新创业的兴趣高于女大学生。

表 5-29　性别 * 创新创业兴趣统计分析列联表　　　单位：人

您的性别是	您对创新创业是否有兴趣?					总计
	特别感兴趣	比较感兴趣	一般	不太感兴趣	没兴趣	
男	93	181	148	16	23	461
女	78	281	288	58	12	717
总计	171	462	436	74	35	1178

（二）学校类型与对创新创业的了解程度统计分析列联表

表 5-30 显示，在 81 名“211”高校大学生中，有 6 名对创新创业很了解，有 18 名对创新创业有一定的了解，有 49 名听说过创新创业，但不清楚，有 8 名对创新创业不了解；在 665 名普通本科院校大学生中，有 36 名对创新创业很了解，有 127 名对创新创业有一定的了解，有 451 名听说过创新创业，但不清楚，有 51 名对创新创业不了解；在 432 名高职院校大学生中，有 24 名对创新创业很了解，有 59 名对创新创业有一定的了解，有 302 名听说过创新创业，但不清楚，有 47 名对创新创业不了解；通过分

析数据表明，“211”高校大学生对创新创业很了解和有一定了解的占比为 29.6%，普通本科院校大学生对创新创业很了解和有一定了解的占比为 24.5%，高职院校大学生对创新创业很了解和有一定了解的占比 19.2%，学校类型与大学生对创新创业的了解程度互相产生影响，不同类型高校对大学生创新创业教育宣传和重视的程度不同。“211”高校大学生对创新创业的了解程度高于普通本科院校，普通本科院校大学生对创新创业的了解程度高于高职院校。

表 5–30　学校类型 * 对创新创业的了解程度统计分析列联表　　单位：人

您的学校类型	对创新创业的了解程度				总计
	很了解	有一定的了解	听说过，但不清楚	不了解	
“211”高校	6	18	49	8	81
普通本科院校	36	127	451	51	665
高职院校	24	59	302	47	432
总计	66	204	802	106	1178

（三）学校类型与身边创业人数的统计分析列联表

表 5–31 显示，在 81 名“211”高校大学生中，有 3 名身边有很多正在创业的人，有 16 名身边有较多正在创业的人，有 51 名身边有较少正在创业的人，有 11 名身边没有正在创业的人；在 665 名普通本科院校大学生中，有 35 名身边有很多正在创业的人，有 103 名身边有较多正在创业的人，有 466 名身边有较少正在创业的人，有 61 名身边没有正在创业的人；在 432 名高职院校大学生中，有 28 名身边有很多正在创业的人，有 65 名身边有较多正在创业的人，有 291 名身边有较少正在创业的人，有 48 名身边没有正在创业的人。通过分析数据表明，“211”高校大学生身边有很多和较多正在创业的人的占比为 23.5%，普通本科院校大学生身边有很多和较多正在创业的人的占比为 20.8%，高职院校大学生身边有很多和较多正在创业的人的占比为 21.5%；“211”高校大学生身边没有正在

创业的人的占比为13.6%，普通本科院校大学生身边没有正在创业的人的占比为9.17%，高职院校大学生身边没有正在创业的人的占比为11.1%。不同类型学校大学生身边正在创业的人数情况不同。"211"高校大学生身边正在创业的人数占比高于高职院校大学生；高职院校大学生身边正在创业的人数占比高于普通本科院校。然而"211"高校大学生身边没有正在创业的人的占比高于高职院校；高职院校大学生身边没有正在创业的人的占比高于普通本科院校。"211"高校大学生身边没有正在创业的人的占比之所以比较高的原因与大学生自身规划有关，"211"高校大学生选择考研深造等的占比较高，这或许是部分211高校大学生不考虑创业的主要原因。

表5-31 学校类型 * 身边创业人数的统计分析列联表 单位：人

您的学校类型	您身边正在创业的人多吗?				总计
	很多	较多	较少	没有	
"211"高校	3	16	51	11	81
普通本科院校	35	103	466	61	665
高职院校	28	65	291	48	432
总计	66	184	808	120	1178

（四）学校类型与毕业后的第一选择统计分析列联表

表5-32显示，在81名"211"高校大学生中，有36名大学生毕业后的第一选择是直接就业，有35名大学生选择考研深造，有4名大学生选择考公务员或事业编，有2名大学生选择出国留学，有4名大学生选择自主创业；在665名普通本科院校大学生中，有388名大学生毕业后的第一选择是直接就业，有225名大学生选择考研深造，有9名大学生选择考公务员或事业编，有27名大学生选择出国留学，有16名大学生选择自主创业；在432名高职院校大学生中，有312名大学生毕业后的第一选择是直接就业，有57名大学生选择考研深造，有6名大学生选择考公务员或

事业编，有 41 名大学生选择出国留学，有 16 名大学生选择自主创业。通过分析数据表明："211"高校大学生毕业后的第一选择是直接就业的占比为 44.4%；普通高等院校大学生毕业后的第一选择是直接就业的占比为 58.3%；高职院校大学生毕业后的第一选择是直接就业的占比为 72.2%。"211"高校大学生毕业后的第一选择是考研深造的占比为 43.2%；普通高等院校大学生毕业后的第一选择是考研深造的占比为 33.8%；高职院校大学生毕业后的第一选择是考研深造的占比为 13.2%。"211"高校大学生毕业后的第一选择是自主创业的占比为 4.94%；普通高等院校大学生毕业后的第一选择是自主创业的占比为 2.41%；高职院校大学生毕业后的第一选择是自主创业的占比为 3.70%。由于学校类型不同，大学生毕业后的第一选择的结果也很不同。"211"高校大学生考研深造的比例高于普通高等院校；普通高等院校大学生考研深造的比例高于高职院校。高职院校采取订单式培养的模式，在大学生就业方面，高职院校大学生毕业后的第一选择是直接就业的比例高于普通高等院校；由于"211"高校大学生毕业后的第一选择是考研深造的比例较高，普通高等院校大学生毕业后的第一选择是直接就业的比例高于"211"高校。

表 5–32　学校类型 * 毕业后的第一选择统计分析列联表　　单位：人

您的学校类型	毕业后的第一选择					总计
	直接就业	考研深造	考公务员或事业编	出国留学	自主创业	
"211"高校	36	35	4	2	4	81
普通本科院校	388	225	9	27	16	665
高职院校	312	57	6	41	16	432
总计	736	317	19	70	36	1178

（五）学校类型与学校的创新创业氛围统计分析列联表

表 5–33 显示，在 81 名"211"高校大学生中，有 2 名大学生觉得学

校的创新创业氛围浓厚，有33名大学生觉得学校的创新创业氛围比较浓厚，有8名大学生觉得学校的创新创业氛围不太浓厚，有8名大学生觉得学校的创新创业氛围不浓厚；在665名普通高等院校大学生中，有38名大学生觉得学校的创新创业氛围浓厚，有233名大学生觉得学校的创新创业氛围比较浓厚，有329大学生觉得学校的创新创业氛围不太浓厚，有65名大学生觉得学校的创新创业氛围不浓厚；在432名高职院校大学生中，有63名大学生觉得学校的创新创业氛围浓厚，有122名大学生觉得学校的创新创业氛围比较浓厚，有213名大学生觉得学校的创新创业氛围不太浓厚，有74名大学生觉得学校的创新创业氛围不浓厚。通过分析数据表明："211"高校大学生觉得学校创新创业氛围浓厚和比较浓厚的占比为43.2%；普通高等院校大学生觉得学校创新创业氛围浓厚和比较浓厚的占比为40.8%；高职院校大学生觉得学校创新创业氛围浓厚和比较浓厚的占比为33.6%。由此可知，"211"高校创新创业氛围优于普通高等院校，普通高等院校创新创业氛围优于高职院校。

表5–33　学校类型 * 学校的创新创业氛围统计分析列联表　　单位：人

学校类型	学校的创新创业氛围				总计
	浓厚	比较浓厚	不太浓厚	不浓厚	
"211"高校	2	33	38	8	81
普通高等院校	38	233	329	65	665
高职院校	23	122	213	74	432
总计	63	388	580	147	1178

（六）专业与学校举办的创新创业活动统计分析列联表

人文社科专业包括哲学、经济学、法学、教育学、文学、历史学、管理学；理工农医专业包括理学、工学、农学、医学；其他专业包括军事学、艺术学。表5–34显示，在406名人文社科专业大学生中，有104名大学生参加过学校举办的创新创业活动，有302名大学生没有参加过学校举办的创新创业活动；在730名理工农医专业大学生中，有195名大学生参加过学校举办的创新创业活动，有535名大学生没有参加过学校举办的创新创业活动；在42名其他专业大学生中，有14名大学生参加过学校举办的创新创业活动，有28名大学生没有参加过学校举办的创新创业活动。通过分析数据表明：人文社科专业大学生参加过学校举办的创新创业活动的占比为25.6%，理工农医专业大学生参加过学校举办的创新创业活动的占比为26.7%，其他专业大学生参加过学校举办的创新创业活动的占比为33.3%。其他专业如艺术类大学生参加学校举办的创新创业活动占比高于理工农医专业的大学生；理工农医专业的大学生参加学校举办的创新创业活动占比高于人文社科专业的大学生。

表5-34　专业 * 学校举办的创新创业活动统计分析列联表　　单位：人

专业	学校举办的创新创业活动		总计
	参加过	没有参加过	
人文社科	104	302	406
理工农医	195	535	730
其他	14	28	42
总计	313	865	1178

（七）家庭所在地与家庭对创业的态度统计分析列联表

表5-35显示，在174名来自城市的大学生中，有41名大学生的家庭对其创业非常不支持，有63名大学生的家庭对其创业不太支持，有55名大学生的家庭对其创业比较支持，有15名大学生的家庭支持其创业；在186名来自县镇的大学生中，有45名大学生的家庭对其创业非常不支持，有59名大学生的家庭对其创业不太支持，有70名大学生的家庭对其创业比较支持，有12名大学生的家庭支持其创业；在818名来自农村的大学生中，有171名大学生的家庭对其创业非常不支持，有271名大学生的家庭对其创业不太支持，有314名大学生的家庭对其创业比较支持，有62

名大学生的家庭支持其创业。通过分析数据表明：来自城市的大学生的家庭对其创业非常不支持和不太支持的占比为59.8%；来自县镇的大学生的家庭对其创业非常不支持和不太支持的占比为55.9%；来自农村的大学生的家庭对其创业非常不支持和不太支持的占比为54.0%。来自城市的大学生的家庭对其创业的态度非常不支持和不太支持的占比之所以高于县镇大学生家庭与农村大学生的家庭，是因为来自城市的家长普遍希望自己的孩子能够拥有一份稳定的工作与收入，不太赞同创业这种有风险的行为；而来自农村的大学生的家庭对其创业的态度非常不支持和不太支持的占比之所以不比来自县镇与城市的大学生的家庭高，是因为虽然来自农村的大学生经济上相对贫困，资金不够宽裕，但穷则思变，其家庭对其通过创业可以创造财富持有支持态度，相信其在政府相关政策的扶持、高校的培养与社会的支持下，会获取财富。

表 5–35　家庭所在地 * 家庭对创业的态度统计分析列联表　　单位：人

家庭所在地	家庭对其创业的态度				总计
	非常不支持	不太支持	比较支持	支持	
城市	41	63	55	15	174
县镇	45	59	70	12	186
农村	171	271	314	62	818
总计	257	393	439	89	1178

（八）月生活费支出与学校举办的创新创业活动统计分析列联表

表5–36显示，在197名月生活费支出低于600元的大学生中，有48名大学生参加过学校举办的创新创业活动，在685名月生活费支出在600～1000元的大学生中，有184名大学生参加过学校举办的创新创业活动，在270名月生活费支出在1001～2000元的大学生中，有70名大学生参加过学校举办的创新创业活动，在26名月生活费支出在2000元以上的大学生中，有11名大学生参加过学校举办的创新创业活动。通过分析

数据表明：月生活费支出在600元以下的大学生参加过学校举办的创新创业活动的占比为24.4%，月生活费支出在600 ~ 1000元的大学生参加过学校举办的创新创业活动的占比为26.9%，月生活费支出在1001 ~ 2000元的大学生参加过学校举办的创新创业活动的占比为25.9%，月生活费支出在2000元以上的大学生参加过学校举办的创新创业活动的占比为42.3%。月生活费支出在2000元以上的大学生参加过学校举办的创新创业活动的占比明显高于月生活费支出低于600元以下的大学生。这说明参与创新创业活动与学生自身的经济来源及开销有一定的相关性，因为创新创业活动的开展需要资金支持、创新精神、了解市场等，经济条件优越的大学生在吃穿住行用等民生消费上有更多的市场体验，洞察市场的能力更强，且具有敏锐的市场感知性，更能捕捉到市场的商机，有更多创新创业的想法与点子，所以更趋向于参加学校举办的创新创业活动。

表5–36　月生活费支出 * 学校举办的创新创业活动统计分析列联表　单位：人

月生活费支出	学校举办的创新创业活动		总计
	参加过	没有参加过	
600元以下	48	149	197
600 ~ 1000元	184	501	685
1001 ~ 2000元	70	200	270
2000元以上	11	15	26
总计	313	865	1178

（九）父亲的文化程度与家庭对创业的态度统计分析列联表

表5–37显示，在373名父亲是小学文化程度的大学生中，家庭对其创业持非常不支持和不太支持态度的占比为51.5%，在476名父亲是初中文化程度的大学生中，家庭对其创业持非常不支持和不太支持态度的占比为56.9%，在212名父亲是高中（包括中专）文化程度的大学生中，家庭对其创业持非常不支持和不太支持态度的占比为54.7%，在108名父亲是

大学（包括大专）文化程度的大学生中，家庭对其创业持非常不支持和不太支持态度的占比为60.2%，在9名父亲是硕士及以上文化程度的大学生中，家庭对其创业持非常不支持和不太支持态度的占比为66.7%。通过分析数据表明：对于家庭对大学生创业的态度而言，不管父亲是什么文化程度，家庭对大学生创业持非常不支持与不太支持态度的比例都高于50%。从家庭的角度考虑大学生创业问题，就目前调研的情况来看，家庭仍普遍对大学生创业持不太支持的态度。父亲的文化程度在大学（包括大专）及以上的，家庭对大学生创业持非常不支持与不太支持态度的比例相对偏高；父亲的文化程度越低，如小学文化程度，家庭对大学生创业持非常不支持与不太支持态度的比例相对偏低。

表 5–37　父亲的文化程度 * 家庭对创业的态度统计分析列联表　　单位：人

父亲的文化程度	家庭对创业的态度				总计
	非常不支持	不太支持	比较支持	支持	
小学	85	107	144	37	373
初中	94	177	177	28	476
高中（包括中专）	47	69	83	13	212
大学（包括大专）	27	38	33	10	108
硕士及以上	4	2	2	1	9
总计	257	393	439	89	1178

（十）母亲的文化程度与家庭对创业的态度统计分析列联表

表5–38显示，在559名母亲是小学文化程度的大学生中，家庭对其创业持非常不支持和不太支持态度的占比为53.7%，在407名母亲是初中文化程度的大学生中，家庭对其创业持非常不支持和不太支持态度的占比为56.5%，在135名母亲是高中（包括中专）文化程度的大学生中，家庭对其创业持非常不支持和不太支持态度的占比为51.9%，在72名母亲是大学（包括大专）文化程度的大学生中，家庭对其创业持非常不支持和不太

支持的态度占比为63.9%，在5名母亲是硕士及以上文化程度的大学生中，家庭对其创业持非常不支持和不太支持态度的占比为80%。通过分析数据表明：对于家庭对大学生创业的态度而言，不管母亲是什么文化程度，家庭对大学生创业持非常不支持与不太支持态度的比例都高于50%。从家庭的角度考虑大学生创业问题，就目前调研的情况来看，家庭普遍对大学生创业持不太支持的态度。母亲的文化程度在大学（包括大专）及以上的，家庭对大学生创业持非常不支持与不太支持态度的比例相对偏高；母亲的文化程度越低，如小学文化程度，家庭对大学生创业持非常不支持与不太支持态度的比例相对偏低。

表 5–38　母亲的文化程度与家庭对创业的态度统计分析列联表　　单位：人

母亲的文化程度	家庭对创业的态度				总计
	非常不支持	不太支持	比较支持	支持	
小学	123	177	214	45	559
初中	86	144	149	28	407
高中（包括中专）	28	42	54	11	135
大学（包括大专）	17	29	21	5	72
硕士及以上	3	1	1	0	5
总计	257	393	439	89	1178

（十一）父亲的职业与家庭对创业的态度统计分析列联表

表5–39显示，在539名父亲的职业为农民、渔夫、牧民等的大学生中，家庭对其创业持非常不支持和不太支持态度的占比为52.9%，在134名父亲的职业为经商个体户的大学生中，家庭对其创业持非常不支持和不太支持态度的占比为57.5%，在64名父亲的职业为会计师、教师、医护人员、律师、工程师、科研人员、法官等的大学生中，家庭对其创业持非常不支持和不太支持态度的占比为46.9%，在227名父亲的职业为餐饮服务员、售货员、工厂工人、建筑工人、城市环卫工人、公司职员、司机、导游等的大学生中，家庭对其创业持非常不支持和不太支持态度的占比为

56.4%，在 51 名父亲的职业为公务员、事业单位工作人员的大学生中，家庭对其创业持非常不支持和不太支持态度的占比为 60.8%，在 46 名父亲在家待业的大学生中，家庭对其创业持非常不支持和不太支持态度的占比为 47.8%，在 117 名父亲为其他职业的大学生中，家庭对其创业持非常不支持和不太支持态度的占比为 65.8%。通过分析数据表明：对于家庭对大学生创业的态度而言，考虑父亲职业的因素，绝大部分家庭对大学生创业持非常不支持与不太支持态度的比例都高于 50%。从家庭和父亲职业的角度考虑大学生创业问题，就目前调研的情况来看，家庭仍普遍对大学生创业持不太支持的态度。父亲的职业是公务员、事业单位工作人员的，家庭对大学生创业持非常不支持与不太支持态度的比例较高。由于这类父亲的收入稳定、工作体面，这类家庭希望其孩子大学毕业后也能找到一份安稳和体面的工作，而创业意味着风险、未知、不确定甚至失败，这类安逸型的家庭舍不得让孩子吃苦受难，冒险创业，受父亲职业的影响，这类家庭对大学生创业持非常不支持与不太支持态度的占比偏高。

表 5–39　父亲的职业与家庭对创业的态度统计分析列联表　　单位：人

父亲的职业	家庭对创业的态度				总计
	非常不支持	不太支持	比较支持	支持	
农民、渔夫、牧民等	111	174	212	42	539
经商个体户	31	46	51	6	134
会计师、教师、医护人员、律师、工程师、科研人员、法官等	11	19	27	7	64
餐饮服务员、售货员、工厂工人、建筑工人、城市环卫工人、公司职员、司机、导游等	42	86	82	17	227
公务员、事业单位工作人员	13	18	17	3	51
待业	8	14	21	3	46
其他	41	36	29	11	117
总计	257	393	439	89	1178

（十二）母亲的职业与家庭对创业的态度统计分析列联表

表 5–40 显示，在 545 名母亲的职业为农民、渔夫、牧民等的大学生中，家庭对其创业持非常不支持和不太支持态度的占比为 54.5%，在 132 名母亲的职业为经商个体户的大学生中，家庭对其创业持非常不支持和不太支持态度的占比为 57.6%，在 59 名母亲的职业为会计师、教师、医护人员、律师、工程师、科研人员、法官等的大学生中，家庭对其创业持非常不支持和不太支持态度的占比为 55.9%，在 207 名母亲的职业为餐饮服务员、售货员、工厂工人、建筑工人、城市环卫工人、公司职员、司机、导游等的大学生中，家庭对其创业持非常不支持和不太支持态度的占比为 56.0%，在 34 名母亲的职业为公务员、事业单位工作人员的大学生中，家庭对其创业持非常不支持和不太支持态度的占比为 52.9%，在 78 名母亲在家待业的大学生中，家庭对其创业持非常不支持和不太支持态度的占比为 38.5%，在 123 名母亲为其他职业的大学生中，家庭对其创业持非常不支持和不太支持态度的占比为 65.0%。通过分析数据表明：对于家庭对大学生创业的态度而言，考虑母亲职业的因素，家庭对大学生创业持非常不支持与不太支持态度的比例都高于 50%。从家庭和母亲职业的角度考虑大学生创业问题，就目前调研的情况来看，家庭普遍对大学生创业持不太支持的态度。母亲在家待业的家庭对大学生创业持非常不支持与不太支持态度的比例偏低。这类母亲由于待业，没有工作收入，自身见识与能力有限，且经济不宽裕，对孩子工作方面的问题也没有太多固有的观念，只要孩子大学毕业后能找份工作，能自食其力就好，其对孩子创业持非常不支持与不太支持态度的占比最低。

表 5-40　母亲的职业与家庭对创业的态度统计分析列联表　　单位：人

母亲的职业	家庭对创业的态度				总计
	非常不支持	不太支持	比较支持	支持	
农民、渔夫、牧民等	116	181	206	42	545
经商个体户	31	45	52	4	132
会计师、教师、医护人员、律师、工程师、科研人员、法官等	14	19	20	6	59
餐饮服务员、售货员、工厂工人、建筑工人、城市环卫工人、公司职员、司机、导游等	37	79	77	14	207
公务员、事业单位工作人员	7	11	13	3	34
待业	13	17	38	10	78
其他	39	41	33	10	123
Total	257	393	439	89	1178

第六章　广西劳动力市场需求分析

广西壮族自治区简称“桂”，地处祖国南疆，位于东经 104° 28' ~ 112° 04'，北纬 20° 54' ~ 26° 24'，北回归线横贯全区中部，首府南宁市。广西地理区位优越，东邻粤、港、澳，北靠湖南、贵州两省，西与云南省接壤，南临北部湾，面向东南亚，西南与越南毗邻。行政区域土地面积 23.76 万平方千米，管辖北部湾海域面积约 4 万平方千米，是西南地区最便捷的出海通道，也是中国西部资源型经济与东南开放型经济的接合部。全自治区聚居着壮、汉、瑶、苗、侗、仫佬、毛南、回、京、彝、水、仡佬等民族，其中壮族人口约占全区户籍总人口的 32.5%。广西地理位置十分重要，沿海沿边，是唯一与东盟海陆空相连接的省份，也是海上丝绸之路始发港，是“一带一路”有机衔接重要门户暨南向通道，有着较强的区位发展优势。

“结构”是指某个整体的各个组成部分的搭配和排列状态。所谓劳动力市场的需求结构，主要是指各类劳动力市场对劳动力需求的比例关系。根据划分的手段不同，劳动力市场的需求结构可以分为产业间的需求、区

域间的需求等多个种类。英国经济学家配第·克拉克通过多年对日本、美国、英国、德国、法国等一些国家的劳动力在第一产业、第二产业、第三产业间所发生的变化进行分析，揭示了就业结构和产业结构之间的相互关系。他认为随着社会经济发展水平的提高和科技进步速度的加快，产业结构必然由低层次向高层次迈进，即以机械制造业为主的第二产业在国内生产总值当中的份额迅速上升，之后下降；以金融、保险、医疗、教育等为主的第三产业迅猛发展；而以传统农业为主导的第一产业在国内生产总值中所占的比重持续下降。多数国家或地区的三次产业结构会呈现为"一、二、三"型到"二、一、三"或"二、三、一"型再到"三、二、一"型的演变过程。与此同时，劳动力的就业结构也会随之改变，越来越多的劳动力从第一产业、第二产业中释放出来，逐渐向第三产业转移[①]。

第一节　广西经济产业结构分析

新中国成立初期，农业在广西经济中处于主要地位，工业门类不全，基础薄弱，服务业发展滞后。1950 年，广西三次产业结构为 72.3 ∶ 16.5 ∶ 11.2，为明显的"一、二、三"型产业结构，以传统农业为主体。改革开放后，随着工业化、城镇化的深入推进，广西产业结构不断优化升级。1993 年，三次产业结构为 28.7 ∶ 36.8 ∶ 34.5，开始由"一、二、三"型转变为"二、三、一"型。近几年经济发展进入新常态，广西把转方式调结构放在更加突出的位置，结构优化升级稳步推进，经济结构

① 王冬梅，蔡文伯．新疆普通高校大学生就业的市场需求结构分析［J］．经济研究导刊，2008（17）：219–221.

呈现出第一产业基础地位稳固，工业转型升级步伐加快，内部结构不断改善，第三产业增加值比重不断上升，服务业对经济增长的贡献率提高的趋势。当前全区产业结构发生了历史性的变革。2018 年，广西三次产业结构为 14.8 ∶ 39.7 ∶ 45.5，为“三、二、一”结构，第三产业成为拉动经济增长的第一动力。就业结构发生显著变化。产业结构的变化带来了就业人员构成的重大变化。1978 年，广西三次产业就业人员构成比例为 80.4 ∶ 10.5 ∶ 9.1，2018 年发展为 49.3 ∶ 17.3 ∶ 33.4，第一产业就业人员比重降低 31.1 个百分点，第二产业和第三产业人员比重分别上升 6.8 和 24.3 个百分点。劳动力从第一产业向第二、第三产业加快转移，随着市场经济的发展和第三产业的活跃，第三产业成为扩大就业的主要领域[①]。（详见表 6–1、图 6–1）

2018 年，广西生产总值总量达到 20352.51 亿元，人均生产总值达 41489 元，全区财政收入 2790.32 亿元。2019 年，广西全年全区生产总值[②]（GDP）达到 21237.14 亿元，按可比价计算，比上年增长 6.0%。其中，第一产业增加值 3387.74 亿元，增长 5.6%；第二产业增加值 7077.43 亿元，增长 5.7%；第三产业增加值 10771.97 亿元，增长 6.2%。第一、二、三产业增加值占地区生产总值的比重分别为 16.0%，33.3% 和 50.7%，对经济增长的贡献率分别为 15.2%，32.5% 和 52.3%。按常住人口计算，全年人

① 广西壮族自治区统计局 . 波澜壮阔七十载，八桂大地展新颜：新中国成立 70 周年广西经济社会发展成就综述［EB/OL］.（2019–10–02）［2019–10–28］.http：//tjj.gxzf.gov.cn/tjsj/yjbg/qq_267/t2373311.shtml.

② 地区生产总值、三次产业及相关行业增加值、人均地区生产总值绝对数按现价计算，增长速度按不变价格计算。

均地区生产总值达42964元，比上年增长5.1%。全员劳动生产率[①]为74497元/人，比上年提高5.8%。

表6–1 广西产业结构发展情况数据

年份	第一产业	第二产业	第三产业
1950	72.3%	16.5%	11.2%
1993	28.7%	36.8%	34.5%
2018	14.8%	39.7%	45.5%
2019	16.0%	33.3%	50.7%

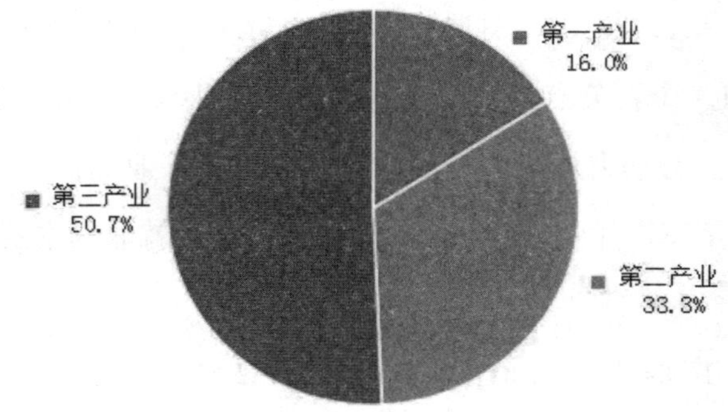

图6–1 2019年广西三次产业结构图

广西地区间的经济发展不平衡。广西区内有南宁、柳州、桂林、梧州、北海、防城港、钦州、贵港、玉林、百色、贺州、河池、来宾、崇左14个地级市，其经济发展水平参差不齐。2019年广西GDP排名全国第十九位。表6–2数据显示，南宁2019年GDP达到了4506亿元；柳州2019年GDP为3128亿元；桂林2019年GDP达到了2105亿元；玉林、钦州、北海、百色、贵港5城GDP在1000亿—2000亿。此外，还有6座城市GDP不足1000亿，分别是梧州、河池、崇左、防城港、贺州、来宾，甚至后四名城市GDP还不到800亿。其中，梧州、崇左2018年GDP都在1000亿以上，2019年双双跌破千亿大关。从人均水平来看，广西2019年人均GDP达到4.35万元，

① 全员劳动生产率为地区生产总值（现价）与全部就业人员的比率，增速按可比价计算。

位居全国倒数第四。从各市来看，北海以 7.74 万元的人均 GDP 位居第一，柳州以 7.74 万元位居第二，防城港以 7.45 万元位居第三，省会城市南宁以 6.21 万元位居第四。（详见表 6–2）

表 6–2 2019 年广西壮族自治区各市地区生产总值

排名	地区	2019 年 GDP / 亿元	2018 年 GDP / 亿元	名义增量 / 亿元	名义增速	18 年末常住人口 / 万人	人均 GDP / 亿元	排名
—	广西壮族自治区	21237.14	20352.51	884.63	4.35%	4926.00	43112	—
1	南宁市	4506.56	4026.91	479.65	11.91%	725.41	62124	4
2	柳州市	3128.35	3053065	74.70	2.45%	404.17	77402	2 ↓ 1
3	桂林市	2105.56	2003.61	101.95	5.09%	508.55	41403	5 ↑ 2
4	玉林市	1679.77	1615.46	64.31	3.98%	584.97	28715	12 ↓ 1
5	钦州市	1356.30	1291.96	64.34	4.98%	330.44	41045	6
6	北海市	1300.80	1213.30	87.50	7.21%	168.00	77429	1 ↑ 2
7	百色市	1257.78	1176.77	81.01	6.88%	366.94	34278	8 ↑ 1
8	贵港市	1257.53	1169.88	87.65	7.49%	440.92	28521	
9	梧州市	991.40	1029.85	–38.45	–3.73%	306.11	32387	10 ↓ 2
10 ↑ 1	河池市	878.10	788.30	89.80	11.39%	352.35	24921	
11	崇左市	760.46	1016.49	–256.03	–25.19%	209.94	36223	7 ↓ 2
12	防城港市	701.23	696.82	4.41	0.63%	94.02	74583	3 ↓ 1
13 ↑ 1	贺州市	700.11	602.63	97.48	16.18%	205.67	34040	9 ↑ 3
14 ↓ 1	来宾市	654.15	692.41	–38.26	–5.53%	221.86	29485	11 ↓ 1

第二节 广西劳动力市场需求信息分析

一、广西人才类型需求分析

“两区一带”的划分，使得广西的不同地区由于各自的资源条件以及产业状况，对于人才类型的需求也有所侧重。

北部湾经济区地处沿海，又与东南亚国家接壤，在进出口贸易以及石油化工等方面有着独有的优势。以北海、南宁为首的城市，应当充分发挥其所处的地理优势，重点发展对外贸易、海洋能源、货物运输等产业，通过资源优势带动经济发展。因此，该地区对石油化工、物流运输、能源开发、国际贸易、金融经济、东盟外语等专业人才需求量较大。

桂西地区被誉为广西资源富集区，拥有丰富的有色金属、动植物以及旅游资源，是未经雕琢的璞玉。桂西地区应当通过合理的开采和有效的利用，努力建成资源城市。因此，该地区对于资源勘探、有色金属冶炼、农副产品加工、农业技术开发等专业型人才有着极大的需求。

西江经济带包括柳州、桂林、来宾、梧州、 玉林、贵港、贺州。其中柳州作为广西地区的工业重镇，为西江经济带打下了扎实的经济基础；桂林作为国际旅游名城，以旅游业带动特色文化的发展，将区域文化融合到旅游业中，以文化为先导，创新区域特色，带动区域经济发展。梧州、玉林、贵港、贺州等地通过改善投资环境、加大投资力度、创新产业水平来吸引外资，将西江经济带打造为高新技术产业园区。因此，西江经济带对旅游、建材、机械、市场营销、金属制造、生物制药、信息通信等相关专业人才需求较大[①]。

二、广西部分企业用工信息

《2019年广西部分企业用工信息手册》[②]共收集1261家企业用工信息，岗位9.5万余个。从收集的信息分析结果来看，企业需求最大的10个岗位依次是：生产运输工人、商业服务业人员、专业技术人员、营业人员、办事人员、体力工人、鞋帽制作工、购销人员、治安保卫人员、电子元器件

---

① 蒋冬清，刘雅婷．区域经济发展背景下广西高校人才培养模式探究［J］．继续教育研究，2014（1）：45–46.

② 罗琦，陆骞．广西发布2019年校企人力资源需求信息［EB/OL］．（2018–12–22）［2019–04–28］.https：//www.gxzf.gov.cn/sytt/2018/222–728068.shtml.

制造装调工。

三、广西高校毕业生信息

《2019 年广西普通高校毕业生信息手册》① 共收集 72 所高校的 26.76 万条毕业生信息。其中，高校毕业生人数排名前 10 名的专业分别是会计、学前教育、财务管理、市场营销、工程造价、汽车检测与维修技术、物流管理、建筑工程技术、小学教育、护理。

近几年，广西本土的高校每年都有近 20 万的毕业生离开学校步入社会，选择在广西就业的毕业生超过 60%，而选择在南宁、柳州、桂林这三个城市就业的毕业生占到了选择在广西就业的毕业生的 60% 以上。甚至，选择在南宁就业的占到了选择在广西就业的近 50%。广西高校的毕业生在广西就业主要选择南宁，其次是柳州和桂林。这与这三个地市经济较发达有关，毕竟选择在大城市无论是环境、待遇及个人发展空间都要比在小城市、县城、农村好。此外，广西高校也主要集中在南宁、柳州、桂林这三个地市，大部分学生毕业后从心理上也更倾向于在较为熟悉的地方工作。这种选择造成了大学生就业问题的区域结构失衡，其中既有大学生本身的主观原因，也有客观因素的存在。地区间经济发展不平衡导致毕业生就业区域流向集中，产生明显的就业区域流向差异。广西高校毕业生就业区域流向过于集中，导致就业生态失衡，这种就业区域流向呈现出明显的“虹吸效应”，产生“挤占效应”，形成人才高消费，加剧了地区发展的不平衡②。

---

① 罗琦，陆骞 . 广西发布 2019 年校企人力资源需求信息［EB/OL］.（2018-12-22）［2019-04-28］.https：//www.gxzf.gov.cn/sytt/2018/222-728068.shtml.

② 胡冠华 . 基于地区经济发展对高校毕业生就业区域流向的分析：以广西为例［J］. 贺州学院学报，2019，35（2）：123-126.

四、广西 2020 届普通高校毕业生就业质量信息①

广西壮族自治区教育厅 2020 年 9 月 30 日发布《广西 2020 届普通高校毕业生就业质量年度报告》②。报告对广西各学科就业情况、初次就业率、毕业生就业去向等进行了全面分析③。

《广西 2020 届普通高校毕业生就业质量年度报告》显示，2020 届广西普通高校毕业生数 27.4 万人，比 2019 届增加 3.15 万人。

截至 2020 年 9 月 1 日，广西高校毕业生初次就业率 81.31%，其中，本科生就业率 75.57%，专科生就业率 85.94%。

从各学科就业情况来看，本科就业率前三位的学科（毕业生 500 人以上）为医学、农学、工学；专科就业率前三位的学科（毕业生 500 人以上）为生物与化工大类、能源动力与材料大类、新闻传播大类。

从高校毕业生就业去向分布来看，私营企业吸纳毕业生人数最多，占就业总人数的 52.15%。升学和在国有企业就业的比例分别位居第二和第三位。

从高校毕业生就业区域分布来看，广西 2020 届高校毕业生主要以广西地区就业为主，占就业总人数的 56.42%。在珠三角地区就业的毕业生占就业总人数的 14.86%。长三角、京津冀地区也是毕业生青睐的就业区域。

---

① 广西 2020 届普通高校毕业生就业质量信息主要根据《广西 2020 届普通高校毕业生就业质量年度报告》中的本科生、专科生就业信息整理而成。

② 广西壮族自治区教育厅．广西 2020 届普通高校毕业生就业质量年度报告［EB/OL］．（2020–09–03）［2020–09–30］．http://jyt.gxzf.gov.cn/zfxxgk/zfxxgknb/jyjlbg/t6503923.shtml.

③ 新华网．2020 届广西高校毕业生初次就业率 81.31%［EB/OL］．（2020–10–04）［2020–10–20］．https://www.gx.xinhuanet.com/newsenter/2020–10/04/c–1126572960.htm.

（一）毕业生规模与结构

1. 毕业生规模

2020 届广西普通高校毕业生[①]数 27.4 万人，比 2019 届增加 3.15 万人。其中本科生 11.86 万人，专科生 14.53 万人。[②]

2. 性别结构

2020 届广西高校毕业生中，男性毕业人数 122368 人，占毕业生数的 44.62%，女性毕业人数 151605 人，占毕业生数的 55.38%，男女比为 1 ∶ 1.24。

3. 生源地结构

广西 2020 届毕业生生源主要为区内，为 222326 人，占毕业人数的 81.15%，区内生源就业率为 82.97%；区外生源 51647 人，总占比 18.85%，区外生源就业率为 74.29%。

（二）毕业生就业情况

1. 初次就业率[③]

截至 2020 年 9 月 1 日，高校毕业生初次就业率 81.31%，其中，本科生就业率 75.57%，专科生就业率 85.94%。

---

① 高校毕业生包括研究生毕业生、本科毕业生、专科毕业生。本研究根据《广西 2020 届普通高校毕业生就业质量年度报告》数据，对 2020 届广西普通高校毕业生数、本科毕业生数和专科毕业生数进行了整理。

② 以下数据统计时间均截至 2020 年 9 月 1 日。

③ 高校毕业生包括研究生毕业生、本科毕业生、专科毕业生。本研究根据《广西 2020 届普通高校毕业生就业质量年度报告》数据，对 2020 届广西本科毕业生与专科毕业生的初次就业率情况进行了整理。

2. 学科就业

从各学科就业情况来看，本科就业率前三位的学科（毕业生 500 人以上）为医学、农学、工学；专科就业率前三位的学科（毕业生 500 人以上）为生物与化工大类、能源动力与材料大类、新闻传播大类。（详见表 6–3、表 6–4）

表 6–3　2020 届广西高校本科毕业生学科就业情况一览表

学科	毕业生数 / 万人	初次就业率
哲学	0.01	84.21%
经济学	0.58	73.37%
法学	0.35	61.33%
教育学	0.64	77.53%
文学	1.28	70.51%
历史学	0.04	87.47%
理学	0.67	79.10%
工学	3.22	79.54%
农学	0.07	81.08%
医学	1.01	81.65%
管理学	2.46	74.09%
艺术学	1.52	71.39%
总体平均	11.86	75.63%

表 6–4　2020 届广西高校专科毕业生学科就业情况一览表

学科	毕业生数 / 万人	初次就业率
财经商贸大类	30.84	85.21%
教育与体育大类	21.55	85.11%
土木建筑大类	16.15	88.47%
装备制造大类	14.31	86.88%
电子信息大类	14.23	83.44%
医药卫生大类	13.92	87.84%
交通运输大类	8.84	87.63%
文化艺术大类	5.93	84.85%
旅游大类	4.8	82.73%
能源动力与材料大类	2.33	91.42%
农林牧渔大类	2.32	87.18%
公安与司法大类	2.11	73.62%
食品药品与粮食大类	2.11	87.09%
新闻传播大类	1.79	91.23%

表 6-4（续）

学科	毕业生数 / 万人	初次就业率
资源环境与安全大类	1.54	87.75%
公共管理与服务大类	1.31	82.24%
水利大类	0.5	90.08%
轻工纺织大类	0.37	85.21%
生物与化工大类	0.35	91.43%
总计	14.53	85.94%

3. 初次就业率最高和最低专业

从本专科各专业初次就业情况来看（毕业生人数在100人以上的专业），本科初次就业率前三位的专业是能源与动力工程、护理学、预防医学，专科初次就业率前三位的专业是小学教育、临床医学、道路桥梁工程技术；本科初次就业率后三位的专业是侦查学、刑事科学技术、治安学，专科初次就业率后三位的专业是法律事务、金融管理、烹调工艺与营养。（详见表 6-5、表 6-6）

表 6-5　2020 届广西高校毕业生分层次初次就业率最高的 6 个专业

年份	受教育程度	序号	初次就业率最高的专业（专业取样标准：毕业人数在 100 人以上）		
			专业名称	毕业人数	初次就业率
2020 年	本科	1	能源与动力工程	158	93.04%
		2	护理学	1691	91.13%
		3	预防医学	390	91.03%
		4	给排水科学与工程	204	90.69%
		5	口腔医学	189	89.42%
		6	冶金工程	101	89.11%
	专科	1	小学教育	584	96.06%
		2	临床医学	1177	95.33%
		3	道路桥梁工程技术	1043	91.47%
		4	畜牧兽医	575	90.78%
		5	供用电技术	568	90.79%
		6	电力系统自动化技术	505	90.1%

表 6-6　2020 届广西高校毕业生分层次初次就业率最低的 6 个专业

年份	受教育程度	序号	初次就业率最低的专业（专业取样标准：毕业人数在 100 人以上）		
			专业名称	毕业人数	初次就业率
2020 年	本科	1	侦查学	341	2.35%
		2	刑事科学技术	264	3.03%
		3	治安学	284	4.58%
		4	服装设计与工程	131	35.11%
		5	艺术设计学	231	38.96%
		6	审计学	330	49.39%
	专科	1	法律事务	829	59.47%
		2	金融管理	1332	78.38%
		3	烹调工艺与营养	1072	79.48%
		4	计算机应用技术	4013	80.04%
		5	语文教育	1486	80.42%
		6	工商企业管理	2317	81.92%

4. 就业去向

从广西高校毕业生就业去向分布来看，私营企业吸纳毕业生人数最多，其本科毕业生人数为 47216 人，其专科毕业生人数为 67321 人。国有企业吸纳本科生人数为 9083 人，位居本科生就业去向的第二位。升学占专科毕业生就业去向的第二位，选择升学的专科毕业生人数为 25454 人。自主创业的本科生人数为 445 人，自主创业的专科生人数为 478 人。（详见表 6-7）

表 6-7　2020 届广西高校毕业生按就业去向分学历层次就业情况一览表

项目	本科		专科	
	就业人数	分项比率	就业人数	分项比率
私营企业	47216	52.70%	67321	53.91%
升学	6623	7.39%	25454	20.38%
国有企业	9083	10.14%	8853	7.09%
中等、初等教育单位	8882	9.91%	4866	3.90%
医疗卫生单位	5408	6.04%	6207	4.97%
其他	2166	2.42%	1734	1.39%
三资企业	1926	2.15%	1746	1.40%
其他事业单位	1780	1.99%	1282	1.03%
非公教学单位	720	0.80%	2228	1.78%
党政机关	1076	1.20%	1554	1.24%

表 6-7（续）

项目	本科		专科	
	就业人数	分项比率	就业人数	分项比率
自由职业	1075	1.20%	1184	0.95%
金融单位	1385	1.55%	381	0.31%
高等学校（含民办）	535	0.60%	86	0.07%
部队	530	0.59%	1047	0.84%
出国、出境	625	0.70%	401	0.32%
自主创业	445	0.50%	478	0.38%
科研设计单位	119	0.13%	49	0.04%

注：分项比率 = 各类层次的就业去向类型人数 / 各类层次就业总人数 ×100%

5. 升学[①]

从升学人数来看，2020 届广西高校毕业生共有 32569 位选择继续深造，占就业人数的 14.62%。其中本科生 6623 人，专科生 25454 人。近三年毕业生选择升学的人数逐年增多，其中专科生增量最大，比去年增加 11120 人，增量近 1 倍。

6. 出国、出境[②]

从出国、出境人数来看，2020 届广西高校毕业生共有 1086 位选择出国、出境，占就业人数的 0.49%。其中，本科生 625 人，占本科就业人数的 0.7%；专科生 401 人，占专科就业人数的 0.32%。受新冠肺炎疫情影响，2020 年毕业生出国、出境人数减少。

---

① 高校毕业生包括研究生毕业生、本科毕业生、专科毕业生。本研究根据《广西 2020 届普通高校毕业生就业质量年度报告》数据，对 2020 届广西本科毕业生与专科毕业生的升学情况进行了整理。

② 高校毕业生包括研究生毕业生、本科毕业生、专科毕业生。本研究根据《广西 2020 届普通高校毕业生就业质量年度报告》数据，对 2020 届广西本科毕业生与专科毕业生出国、出境情况进行了整理。

7. 就业区域[①]

从高校毕业生就业区域分布来看，广西 2020 届高校毕业生主要以广西地区就业为主，区内就业人数为 125729 人，占就业总人数的 56.42%。其中本科生 49478 人，占本科生就业人数的 55.22%；专科生 72509 人，占专科生就业人数的 58.07%。区内就业人数中，44% 的在南宁就业，其次是柳州、桂林。在珠三角地区就业的毕业生人数为 33123 人，占就业总人数的 14.86%。其中，本科生 16128 人，占本科生就业人数的 18%；专科生 15930 人，占专科生就业人数的 12.78%。（详见表 6–8、表 6–9、图 6–2）

表 6–8　2020 届广西高校毕业生在全国主要区域就业情况一览表

项目名称	区域名称	就业人数	分项比率
全国主要经济区域就业	广西壮族自治区	125729	56.42%
	珠三角	33123	14.86%
	长三角	7843	3.52%
	京津冀	2160	0.97%
	其他	53989	24.32%

表 6–9　2020 届广西高校毕业生区内就业情况表

受教育程度	区内就业人数	总体就业人数	分项比率
本科	49478	89594	55.22%
专科	72509	124871	58.07%

① 高校毕业生包括研究生毕业生、本科毕业生、专科毕业生。本研究根据《广西 2020 届普通高校毕业生就业质量年度报告》数据，对 2020 届广西本科毕业生与专科毕业生的就业区域情况进行了整理。

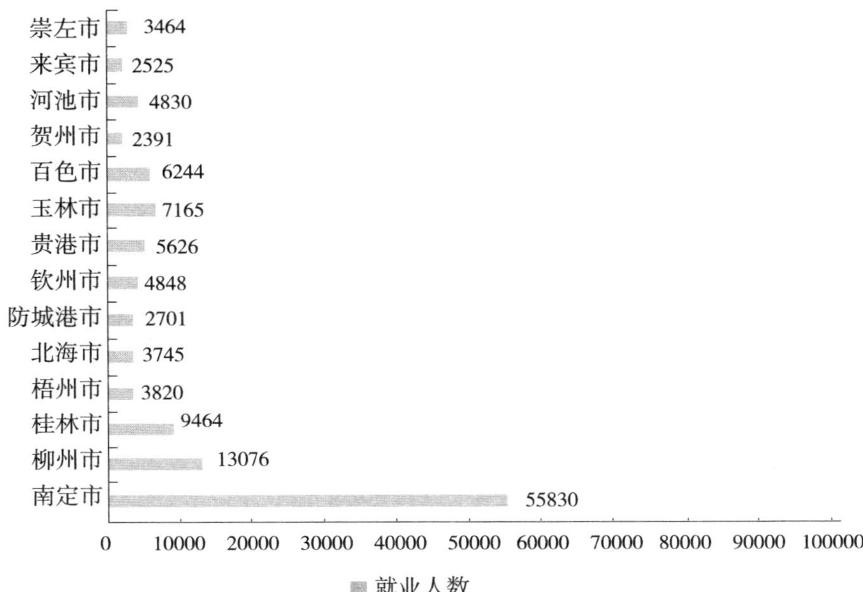

图 6-2　2019 届广西高校毕业生区内就业区域情况图

8. 就业行业

从 2020 届广西本专科毕业生在不同行业的初次就业情况来看（就业人数在 1000 人以上的行业），本科毕业生就业人数前五位的行业是教育，信息传输、软件和信息技术服务业，制造业，卫生和社会工作，建筑业；专科毕业生就业人数前五位的行业是教育、建筑业、批发和零售业、卫生和社会工作、租赁和商务服务业。（详见表 6-10、表 6-11）

表 6-10　2020 届广西本科毕业生初次就业的不同行业情况一览表

（行业人数取样标准：就业人数在 1000 人以上）

行业	就业人数	就业率
教育	14838	12.53%
信息传输、软件和信息技术服务业	9767	8.25%
制造业	7972	6.73%
卫生和社会工作	6958	5.88%
建筑业	6815	5.76%

表 6-10（续）

行业	就业人数	就业率
批发和零售业	5976	5.05%
租赁和商务服务业	5335	4.51%
文化、体育和娱乐业	3278	2.77%
金融业	3193	2.7%
科学研究和技术服务业	3078	2.6%
居民服务、修理和其他服务业	1727	1.46%
房地产业	1596	1.35%
交通运输、仓储和邮政业	1593	1.35%
公共管理、社会保证和社会组织	1587	1.34%
电力、热力、燃气及水生产和供应业	1499	1.27%
农、林、牧、渔业	1346	1.14%
住宿和餐饮业	1311	1.11%

表 6-11　2020 届广西专科毕业生初次就业的不同行业情况一览表

（行业人数取样标准：就业人数在 1000 人以上）

行业	就业人数	就业率
教育	12954	8.92%
建筑业	11651	8.02%
批发和零售业	9377	6.45%
卫生和社会工作	9267	6.38%
租赁和商务服务业	8672	5.97%
信息传输、软件和信息技术服务业	7961	5.48%
制造业	7800	5.37%
居民服务、修理和其他服务业	4694	3.23%
交通运输、仓储和邮政业	4335	2.98%
住宿和餐饮业	3897	2.68%
房地产业	2680	1.84%
文化、体育和娱乐业	2501	1.72%
电力、热力、燃气及水生产和供应业	2130	1.47%
科学研究和技术服务业	2025	1.39%
农、林、牧、渔业	1940	1.34%
公共管理、社会保障和社会组织	1754	1.21%
金融业	1687	1.16%

五、广西促进 2020 年高校毕业生就业创业十条措施

2020 年 5 月 11 日，广西壮族自治区人民政府办公厅印发《广西促进

2020 年高校毕业生就业创业十条措施》[①]。

（一）充分落实基层就业服务项目计划

加强基层教育、党建等领域的人才队伍建设，重点招录 2020 年应届高校毕业生，其中公开招聘中小学教师 8000 人、“特岗计划”教师 7000 人、农村小学全科教师 1000 人、“城市社区党建和两新组织党建工作组织员”1200 人。

（二）扩大高校毕业生就业见习规模

将毕业学年高校毕业生纳入就业见习对象，积极发展见习基地，为毕业生提供不少于 10000 个就业见习岗位。对见习基地按照 1500 元 /（人・月）的标准给予就业见习补贴，对见习期满留用率达到 50% 以上的见习基地，其实际留用人员按 2000 元 /（人・月）的标准给予就业见习补贴，所需资金从就业补助资金列支。

（三）积极扩充教师队伍

对未取得中小学、幼儿园、中等职业学校教师资格的高校毕业生，凡符合教师资格考试报名条件和教师资格认定关于思想政治素质、普通话水平、身体条件等要求的，可以先上岗从事教育教学相关工作，再参加考试并取得教师资格。各设区市、县（市、区）要加快制订教师招聘计划，尽快组织招聘，重点补充乡村中小学教师和公办幼儿园教师。

① 广西壮族自治区人民政府办公厅 . 广西促进 2020 年高校毕业生就业创业十条措施［EB/OL］.（2020-05-15）［2020-09-30］.http：//www.gxbys.com/news/news-show.php?id=195.

（四）扩大高校毕业生升学规模

全面落实研究生扩招计划，完成19039个招生名额，扩大应届高校毕业生升学渠道，提升我区高校毕业生的高学历层次毕业生比例。充分挖掘我区高校承载能力，扩大专升本招生规模，全面完成2.4万个招生名额。

（五）鼓励高校毕业生参军入伍

各地各单位要认真落实大学生应征入伍优惠政策，完善高校毕业生应征入伍激励措施，针对毕业生群体开展精准宣传动员和重点征集，积极引导毕业生参军入伍，实现征集高校应届毕业生参军入伍人数同比增加20%。

（六）扩大国有企业招聘高校毕业生岗位

全区国有企业要做好人才储备计划，积极针对应届高校毕业生群体设置工作岗位，提高应届高校毕业生招聘比例，严禁设置不合理门槛。

（七）支持高校毕业生自主创业

加大对高校毕业生自主创业的金融支持力度，放宽创业担保贷款申请条件，对获得市级以上荣誉称号以及经金融机构评估认定信用良好的大学生创业者，原则上取消反担保。毕业年度内高校毕业生持就业创业证从事个体经营的，自办理个体工商户登记当月起，在3年内按每户每年1.44万元的限额标准依次扣减其当年实际应缴纳的增值税、城市维护建设税、教育费附加和个人所得税。对毕业5年内首次在设区市辖区内创办小微企业并正常经营6个月以上的高校毕业生，一次性给予5000元创业扶持补贴；对创业地在贫困县的，补贴标准提高至1万元。

（八）促进小微企业吸纳高校毕业生就业

对招用毕业年度高校毕业生或离校 2 年内高校毕业生，与之签订 1 年以上劳动合同并为其缴纳社会保险费的小微企业或社会组织，按照 2000 元 / 人的标准给予带动就业补贴，并给予 1 年的社会保险补贴。

（九）加大高校毕业生就业帮扶和兜底保障

对建档立卡农村家庭高校毕业生，通过“就业咨询全覆盖、就业培训全覆盖、就业推荐全覆盖”，提供一对一就业帮扶。对离校后未就业的困难毕业生，优先开展实名登记和就业帮扶。加强困难毕业生的兜底保障，对残疾、享受城市低保、属于城镇零就业家庭或登记失业连续 12 个月等确实难以实现就业的高校毕业生，鼓励各地在机关事业单位或经营性单位开发一批公益性岗位予以安置就业，所需资金从就业补助资金列支。

（十）优化就业服务

对延迟毕业的高校应届毕业生，相应延长报到接收、档案转递、落户办理时限。离校未就业毕业生可根据本人意愿，将户口、档案保留在学校 2 年或转入生源地公共就业人才服务机构，以应届毕业生身份参加用人单位考试、录用，落实工作单位后参照应届毕业生办理相关手续。持续开展线上招聘服务，加大岗位信息、职业指导、网上面试等服务供给。支持各级公共就业服务机构针对高校毕业生开展线上招聘活动，按照招聘会服务人数、成效和成本，给予一定就业创业服务补助。

第七章　高校创新创业人才培养与劳动力市场需求关系分析

创新创业教育是世界发展的趋势，是当今时代的主旋律。高校开展创新创业教育是建设创新型国家、培养创新型人才的重要举措。本章分析了高校人才培养与劳动力市场需求不匹配的主要问题；探析了广西高校创新创业人才培养与劳动力市场需求关系。

第一节　高校人才培养与劳动力市场需求不匹配的主要问题分析

本节探究了高校人才培养与劳动力市场需求不匹配的影响因素和主要问题：高校扩招；高校人才培养不能适应经济结构和产业结构的发展变化；大学生就业难，高技能、高质量人才缺口大；高校人才培养的长周期与劳动力市场需求对接存在不确定性；课程体系设置欠合理，与劳动力市场需求相脱节；理论有余，实践不足；高校创新创业教育人才培养体系缺失；“双师型”创新创业指导教师匮乏。为此，在创新创业教育背景下提出高校人才培养与劳动力市场需求有效衔接的策略；高校人才培养应适应经济结构和产业结构的发展变化；应与劳动力市场需求相结合；应转变就业观念，增强高校创新创业教育与专业教育的融合；补齐高校人才培养短板，大力开发高校毕业生的创新创业能力；重视实践教学，加强实践教学体系建设；加强“双师型”师资队伍建设。

创新是国家发展之根，民族振兴之魂，是引领发展的第一动力。创新创业教育是以培养学生创新创业意识、创业精神、创新创业素质为目标的教育理念和教育实践活动。党的十九大报告提出要加快建设创新型国家[①]。建设创新型国家，关键是创新型人才的培养，基础是加强创新创业教育。高校开展创新创业教育是建设创新型国家、培养创新型人才的重要举措。高校创新创业教育是一个系统工程，与国家政策导向、社会、家庭、学生、企业等各个层面深刻关联。

创新型人才是教育和劳动力市场共同作用的结果。高校要以人才培养为核心，全面提高人才培养质量。深入分析和研究高校人才培养与劳动力市场需求的问题对于深化高等教育改革，提高学生的职业能力和职业竞争力，促进高校毕业生有效对接劳动力市场，培养高素质、创新型人才将起到促进作用。

高校对毕业生就业市场的供求影响巨大。高校人才培养与劳动力市场需求为什么不匹配？劳动力市场为什么会出现供需失衡？关于大学生就业问题的解说，有学者从高校扩招、过度教育、知识失业、经济结构、产业

---

① 习近平.决胜全面建成小康社会 夺取新时代中国特色社会主义伟大胜利：在中国共产党第十九次全国代表大会上的报告［EB/OL］.（2017-10-18）［2019-10-27］.http：//www.gov.cn/zhuanti/2017-10/27/content_5234876.htm.

结构转型升级、教育不足等方面进行论述，有学者从劳动力市场机制的因素进行探讨，有学者认为是高等教育和经济系统之间的匹配不紧密造成的，也有学者认为是毕业生落后的就业观念导致了大学生失业等。笔者认为，现阶段，高校人才培养与劳动力市场需求不匹配的影响因素和主要问题主要表现在如下几个方面。

一、高校扩招

自恢复高考以来，高校招生规模逐年增长，连续的扩招使高等教育的质量问题尤其是人才培养质量问题尖锐地凸现出来。在 1999 年之前，高校扩招年均增长都只在 8.5% 左右。1990—1998 年，中国普通高等本专科招生规模的年均增幅为 7.47%；1999—2006 年，中国普通高等本专科招生规模年均增长率为 23.39%，其中，最高年份达 47.9%；1999—2019 年，中国普通高等本专科招生规模年均增长率为 11.67%（详见图 7-1）。

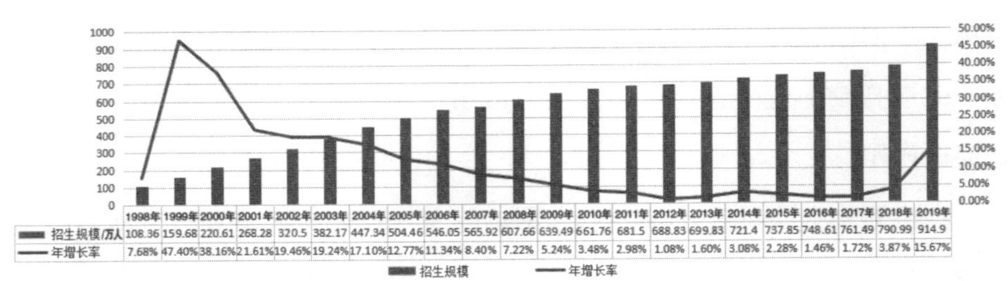

	1998年	1999年	2000年	2001年	2002年	2003年	2004年	2005年	2006年	2007年	2008年
招生规模/万人	108.36	159.68	220.61	268.28	320.5	382.17	447.34	504.46	546.05	565.92	607.66
年增长率	7.68%	47.40%	38.16%	21.61%	19.46%	19.24%	17.10%	12.77%	11.34%	8.40%	7.22%

	2009年	2010年	2011年	2012年	2013年	2014年	2015年	2016年	2017年	2018年	2019年
招生规模/万人	639.49	661.76	681.5	688.83	699.83	721.4	737.85	748.61	761.49	790.99	914.9
年增长率	5.24%	3.48%	2.98%	1.08%	1.60%	3.08%	2.28%	1.46%	1.72%	3.87%	15.67%

图 7-1　1998—2019 年普通高等教育本专科招生人数

资料来源：根据 1998—2019 年全国教育事业发展统计公报数据整理

2016 年教育部首次发布了《中国高等教育质量报告》，报告全面分析了中国高等教育的发展情况。报告指出，中国高等教育“井喷式”飞速发展。绝对量的变化以高等教育在学总规模为例，1949 年，中国高等教育在学总规模为 11.7 万人；1978 年，中国高等教育在学总规模为 86.7 万人；2015 年中国高等教育在学总规模达到 3700 万人，与 1949 年相比，高等教育的规模增长超过 310 倍，位居世界第一[①]；2019 年中国高等教育在学总规模达到 4002 万人，与 1949 年相比，中国高等教育的规模增长超过 342 倍。相对量的变化以高等教育毛入学率为例，1949 年，中国高等教育毛入学率是 0.26%；1978 年中国高等教育毛入学率是 1.55%；2015 年，中国高等教育毛入学率是 40%，与 1949 年相比，中国高等教育毛入学率增长超过 150 倍[①]。预计到 2019 年，将达到 50% 以上，进入高等教育普及化阶段。2020 年 5 月 20 日，教育部发布《2019 年全国教育事业发展统计公报》，公布我国高等教育毛入学率达到 51.6%[②]。

二、高校人才培养不能适应经济结构和产业结构的发展变化

高等教育人才培养的专业程度与劳动分工紧密关联。随着中国经济结构的转型和升级、产业结构的调整，劳动技能水平进一步提升，劳动者技能水平和岗位需求不匹配的矛盾越来越突出。在新技术下，一些职业面临着萎缩和消亡，新兴职业层出不穷，新兴岗位诞生的速度加快，个人工作选择的自由度加大。职业和岗位的变动必然对人的职业能力提出新的要求。然而，高校人才培养未能适应经济结构和产业结构的发展变化，其人才培养滞后于劳动力市场需求的变化。

---

① 唐红丽．我国首次发布高等教育系列质量报告［EB/OL］．(2016-04-08)［2019-12-18］．http：//www.cssn.cn/sf/bwsf_lllwz/201604/t20160408_2957483.shtml.

② 中华人民共和国教育部.2019 年全国教育事业发展统计公报［EB/OL］．(2020-05-20)［2020-06-06］.http：//www.moe.gov.cn/jyb_sjzl/sjzl_fztjgb/202005/t20200520_456751.html.

三、大学生就业难，高技能、高质量人才缺口大

随着高校扩招，我国的高等教育事业蓬勃发展，但大学毕业生就业问题也引发了社会的广泛关注。大学毕业生"一次就业率"近年来一直徘徊在 70%，大学毕业生的就业质量出现了下滑[①]。大学生"毕业即失业"，并出现了"向下就业"等现象。大学毕业生的失业问题并非简单的绝对数量上的失业，而是存在失业与岗位空缺并存的现象。这种结构性失衡，一方面表现在高校专业与职业之间的偏离，另一方面表现在学历层次与社会需求的错位，还表现在区域之间的供需状态不平衡。随着经济结构转型升级的推进，一方面技术技能人才严重短缺，另一方面部分高校毕业生和低技能劳动者就业更加困难。

四、高校人才培养的长周期与劳动力市场需求对接存在不确定性

高校人才培养周期较长，高校课程按照既往或现有情况进行设置。相对而言，劳动力市场需求在四年左右会发生很大变化。四年前某一专业市场需求火爆，高校据此信息进行扩招，但四年后就业市场就有可能每况愈下。大一时就读的所谓热门专业，在大四毕业时，可能会出现劳动力就业市场需求饱和的情况。

五、课程体系设置欠合理，与劳动力市场需求相脱节

为什么高校人才培养与劳动力市场需求不匹配？是高校人才培养滞后

---

① 杨河清，李佳．大学毕业生就业质量评价指标体系的建立与应用[J]．中国人才，2007(15)：28-29.

于劳动力市场需求吗？将这些问题回归到高校的课程体系上分析遂能探析一二。高校课程体系是人才培养的核心。现代社会瞬息万变，对职业人的各项技能和综合素质要求越来越高。面对竞争激烈的劳动力市场，有的专业甚至已遭遇劳动力市场的强拒，毕业生找不到专业对口的工作，然而，这类专业却涛声依旧，依然稳健招生，高校课程体系设置依旧我行我素、不思进取、维持现状。有的高校课程体系设置趋同，人才培养目标界定不清，目标性、针对性、实效性不强。高校课程体系设置与劳动力市场需求脱节，高校人才培养滞后于劳动力市场需求，高校不能及时给新兴市场培养和输送亟须的人才，不能适应和满足日新月异的社会发展需求，人才培养与劳动力市场脱节，导致有的专业耗费了大学生四年时间，毕业时在劳动力市场上却无人问津，学非所用；面对新兴劳动力市场亟须的人才，高校却未开始培养或是新兴专业体系设置不全，创新型人才培养匮乏。

六、理论有余，实践不足

高校是思想理论和人才聚集的小高地。大学生在高校中接受了系统的理论知识，积淀了较为丰富的理论素养，从书本中承袭了各派理论范式，汲取了各路经验主义和教条主义。导致大学生理论知识充盈而实践能力薄弱，理论有余而实践不足。因此，大学生眼高手低已成为高等教育广受社会诟病的突出问题。理论是行动的指南。我们需要用科学的理论武装头脑，用理论指导实践。理论不能束之高阁，实践是检验真理的唯一标准。理论要与实践相结合。理论领悟得再深刻、再透彻，脱离了实践将成为无源之水、无本之木。缺乏理论的实践就像迷失在沙漠中的驴友，危机四伏；缺乏实践的教育就像在书本里学游泳，自欺欺人。

七、高校创新创业教育人才培养体系缺失

高等教育不仅要与劳动力市场结合，还要承担培养创新型人才的职能。近年来，我国设立了一些关于对创新创业教育相关的指导性文件，从制度层面上保障和规范高校创新创业教育的开展。我国高校创新创业教育正逐步从外围、边缘状态向圆心聚向，创新创业教育正逐渐被高校重视起来，各高校根据国家要求开设创新创业课程，在人才培养方案中开设了创新创业学分，但创新创业课程设置单一、广谱、趋同，且创新创业课程在人才培养方案中所占比例偏小，高校创新创业教育人才培养体系缺失，未能充分体现高校各专业创新创业教育人才培养体系的独特性、优势性、科学性、实践性等。高校创新创业教育资金投入十分有限，缺乏人力、物力、财力和法律政策法规的全方位的支持，创业环境清冷，创新创业平台不足，创业基地不足，高校创新创业教育效果不甚理想。

八、“双师型”创新创业指导教师匮乏

创新创业教育是理论与实践相结合的指导性活动，这就对指导教师在创新创业理论知识、学科专业知识以及实践操作层面上提出了更高的要求。高校专任教师的理论知识较为全面，但普遍缺乏创新创业实践经验和创业体验。高校创新创业教育教学实践中“双师型”教师匮乏，在指导学生的创新创业教育实践教学中未能针砭时弊，隔靴搔痒，高校创新创业教育实践教学效果大打折扣，不甚理想。

第二节 广西高校创新创业人才培养与劳动力市场需求关系分析

一、劳动力市场需求关系的调查问卷

本研究采用自编问卷《高校创新创业教育人才培养现况与劳动力市场需求关系的调查问卷》进行线下和线上调查，采用实地调研与问卷相结合的调查方式，主要通过访谈和文献编制调查问卷。《高校创新创业教育人才培养现况与劳动力市场需求关系的调查问卷》共分为四个部分，共53题。第一部分是被测大学生的基本信息；第二部分是创新创业教育人才培养；第三部分是劳动力市场需求；第四部分是开放性题目，旨在了解广西高校创新创业人才培养与劳动力市场需求关系，以及广西高校大学生对创新创业人才培养与劳动力市场需求关系的看法和建议。其中，调查问卷的第一部分和第二部分详见本书第五章。本节将着重对调查问卷第三部分进行分析和讨论。

二、劳动力市场需求的调查结果分析

1. 您了解劳动力市场吗？（　　）

A. 不了解　　B. 不太了解　　C. 比较了解　　D. 了解

表 7–1 显示，20.5% 的被测大学生不了解劳动力市场，68% 的被测大学生不太了解劳动力市场，9.8% 的被测大学生比较了解劳动力市场，1.8% 的被测大学生了解劳动力市场。通过分析数据表明：被测大学生普遍缺乏对劳动力市场的了解。

表 7–1 您了解劳动力市场吗?

项目	频次	百分比	有效百分比	累计百分比
不了解	241	20.5%	20.5%	20.5%
不太了解	801	68.0%	68.0%	88.5%
比较了解	115	9.8%	9.8%	98.2%
了解	21	1.8%	1.8%	100.0%
总计	1178	100.0%	100.0%	

2. 您知道劳动力市场有怎样的需求吗?（　　）

A. 不知道　　B. 不太知道　　C. 比较清楚　　D. 知道

表 7–2 显示，21.4% 的被测大学生不知道劳动力市场有怎样的需求，65.1% 的被测大学生不太知道劳动力市场有怎样的需求，11.60% 的被测大学生比较清楚劳动力市场有怎样的需求，1.90% 的被测大学生知道劳动力市场有怎样的需求。通过分析数据表明：被测大学生普遍不清楚劳动力市场有怎样的需求。

表 7–2 您知道劳动力市场有怎样的需求吗?

项目	频次	百分比	有效百分比	累计百分比
不知道	252	21.4%	21.4%	21.4%
不太知道	767	65.1%	65.1%	86.5%
比较清楚	137	11.6%	11.6%	98.1%
知道	22	1.9%	1.9%	100.0%
总计	1178	100.0%	100.0%	

3. 您认为创新创业教育对劳动力市场需求有影响吗?（　　）

A. 没有影响　　B. 影响不大　　C. 影响较大　　D. 影响很大

表 7–3 显示，5.3% 的被测大学生认为创新创业教育对劳动力市场需求没有影响，25.7% 的被测大学生认为创新创业教育对劳动力市场需求影响不大，58.1% 的被测大学生认为创新创业教育对劳动力市场需求影响较大，10.9% 的被测大学生认为创新创业教育对劳动力市场需求影响很大。通过分析数据表明：被测大学生普遍认为创新创业教育对劳动力市场需求有较大影响。

表 7–3　您认为创新创业教育对劳动力市场需求有影响吗？

项目	频次	百分比	有效百分比	累计百分比
没有影响	62	5.3%	5.3%	5.3%
影响不大	303	25.7%	25.7%	31.0%
影响较大	685	58.1%	58.1%	89.1%
影响很大	128	10.9%	10.9%	100.0%
总计	1178	100.0%	100.0%	

4. 您认为高校创新创业教育对人才培养质量有影响吗？（　　　）

A. 没有影响　　　B. 影响不大　　　C. 影响较大　　　D. 影响很大

表 7–4 显示，5.6% 的被测大学生认为高校创新创业教育对人才培养质量没有影响，23.9% 的被测大学生认为高校创新创业教育对人才培养质量影响不大，59.2% 的被测大学生认为高校创新创业教育对人才培养质量影响较大，11.3% 的被测大学生认为高校创新创业教育对人才培养质量影响很大。通过分析数据表明：被测大学生普遍认为高校创新创业教育对人才培养质量有较大影响。

表 7–4　您认为高校创新创业教育对人才培养质量有影响吗？

项目	频次	百分比	有效百分比	累计百分比
没有影响	66	5.6%	5.6%	5.6%
影响不大	281	23.9%	23.9%	29.5%
影响较大	698	59.2%	59.2%	88.7%
影响很大	133	11.3%	11.3%	100.0%
总计	1178	100.0%	100.0%	

5. 您认为您所学的课程与您今后就业（创业）关系大吗？（　　　）

A. 没有关系　　　B. 关系不大　　　C. 关系比较大　　　D. 关系很大

表 7–5 显示，7.3% 的被测大学生认为大学期间所学的课程与自己今后就业（创业）没有关系，37.5% 的被测大学生认为大学期间所学的课程与自己今后就业（创业）关系不大，46.2% 的被测大学生认为大学期间所学的课程与自己今后就业（创业）关系比较大，9.0% 的被测大学生认为大学期间所学的课程与自己今后就业（创业）关系很大。通过分析数据表明：

一半以上被测大学生认为大学期间所学的课程与自己今后就业（创业）关系比较大。

表 7–5　您认为您所学的课程与您今后就业（创业）关系大吗？

项目	频次	百分比	有效百分比	累计百分比
没有关系	86	7.3%	7.3%	7.3%
关系不大	442	37.5%	37.5%	44.8%
关系比较大	544	46.2%	46.2%	91.0%
关系很大	106	9.0%	9.0%	100.0%
总计	1178	100.0%	100.0%	

6. 您认为您的学校在专业人才培养方案上与劳动力市场需求的结合程度如何？（　　）

A. 严重脱节，与劳动力市场没有关系

B. 脱节，与劳动力市场关系不大

C. 比较脱节，与劳动力市场结合不够紧密

D. 联系紧密，与劳动力市场相结合

表 7–6 显示，5.8% 的被测大学生认为学校在专业人才培养方案上与劳动力市场需求严重脱节，与劳动力市场没有关系，26.3% 的被测大学生认为学校在专业人才培养方案上与劳动力市场需求脱节，与劳动力市场关系不大，61.5% 的被测大学生认为学校在专业人才培养方案上与劳动力市场需求比较脱节，与劳动力市场结合不够紧密，6.4% 的被测大学生认为学校在专业人才培养方案上与劳动力市场需求联系紧密，与劳动力市场相结合。通过分析数据表明：绝大多数被测大学生认为学校在专业人才培养方案上与劳动力市场需求不匹配，与劳动力市场结合不够紧密。

表 7–6　您认为您的学校在专业人才培养方案上与劳动力市场需求的结合程度如何？

项目	频次	百分比	有效百分比	累计百分比
严重脱节，与劳动力市场没有关系	68	5.8%	5.8%	5.8%
脱节，与劳动力市场关系不大	310	26.3%	26.3%	32.1%
比较脱节，与劳动力市场结合不够紧密	725	61.5%	61.5%	93.6%
联系紧密，与劳动力市场相结合	75	6.4%	6.4%	100.0%
总计	1178	100.0%	100.0%	

7. 您认为影响高校人才培养质量的主要因素是（多选题）（　　）

A. 师资力量　　B. 课程设置　　C. 实践平台　　D. 创新创业教育

E. 校园文化　　F. 资金投入　　G. 学生投入　　H. 奖助政策

I. 自由环境　　J. 其他

图 7–2 显示，73.01% 的被测大学生认为影响高校人才培养质量的主要因素是实践平台，68.85% 的被测大学生认为影响高校人才培养质量的主要因素是师资力量，62.48% 的被测大学生认为影响高校人才培养质量的主要因素是创新创业教育，60.61% 的被测大学生认为影响高校人才培养质量的主要因素是校园文化，59.08% 的被测大学生认为影响高校人才培养质量的主要因素是学生投入，59% 的被测大学生认为影响高校人才培养质量的主要因素是课程设置，56.37% 的被测大学生认为影响高校人才培养质量的主要因素是资金投入，48.9% 的被测大学生认为影响高校人才培养质量的主要因素是奖助政策，38.79% 的被测大学生认为影响高校人才培养质量的主要因素是自由环境，4.41% 的被测大学生认为影响高校人才培养质量还存在其他一些因素。通过分析数据表明：影响高校人才培养质量的主要因素按照被测大学生选择的比重排序依次为实践平台、师资力量、创新创业教育、校园文化、学生投入、课程设置、资金投入、奖助政策、自由环境、其他因素。

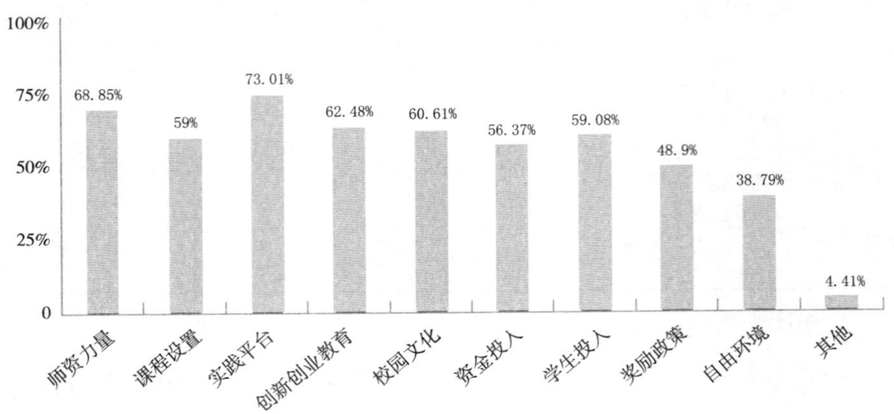

图 7-2　您认为影响高校人才培养质量的主要因素是

8. 您认为劳动力市场的招聘方最看重求职者具备什么样的素养和能力？（多选题，请按重要顺序排序）（　　　）

A. 创新创业能力　　　　B. 吃苦耐劳、踏实敬业

C. 专业能力　　　　　　D. 沟通能力

E. 工作经历和经验　　　F. 忠诚度

图 7-3 显示，被测大学生认为劳动力市场的招聘方最看重求职者具备的素养和能力按重要顺序排序如下：专业能力，沟通能力，创新创业能力，工作经历和经验，吃苦耐劳、踏实敬业，忠诚度。

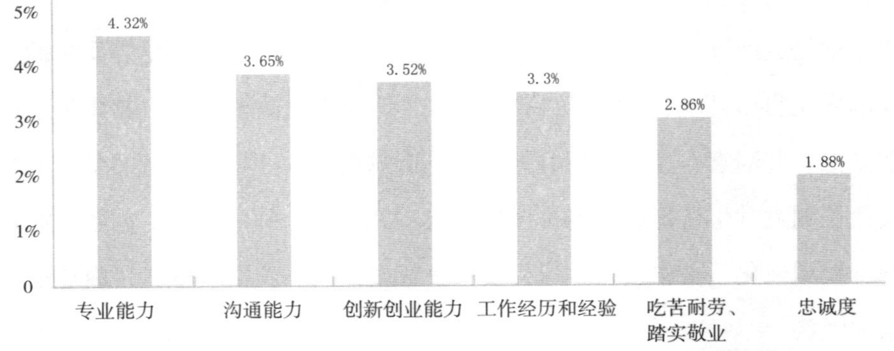

图 7-3　您认为劳动力市场的招聘方最看重求职者具备什么样的素养和能力？

9. 在劳动力市场上，您认为您最欠缺什么样能力？（　　）

A. 专业能力　　　　B. 沟通和协调能力

C. 创新创业能力　　D. 变通能力

E. 组织和管理能力　F. 自我推销能力

G. 其他

表 7–7 显示，在劳动力市场上，24.8% 的被测大学生认为自己最欠缺创新创业能力，21.4% 的被测大学生认为自己最欠缺沟通与协调能力，15.8% 的被测大学生认为自己最欠缺专业能力，13.4% 的被测大学生认为自己最欠缺自我推销能力，12.2% 的被测大学生认为自己最欠缺变通能力，11% 的被测大学生认为自己最欠缺组织和管理能力，1.4% 的被测大学生认为自己还欠缺其他一些能力。通过分析数据表明：在劳动力市场上，被测大学生认为自己最欠缺的能力按照其选择比重排序依次为创业能力、沟通与协调能力、专业能力、自我推销能力、变通能力、组织和管理能力、其他能力。

表 7–7　在就业市场上，您认为您最欠缺什么样能力？

项目	频次	百分比	有效百分比	累计百分比
专业能力	186	15.8%	15.8%	15.8%
沟通与协调能力	252	21.4%	21.4%	37.2%
创新创业能	292	24.8%	24.8%	62.0%
变通能力	144	12.2%	12.2%	74.2%
组织和管理能力	129	11.0%	11.0%	85.1%
自我推销能力	158	13.4%	13.4%	98.6%
其他	17	1.4%	1.4%	100.0%
总计	1178	100.0%	100.0%	

10. 您对您当前的专业教育满意吗？（　　）

A. 满意　　B. 比较满意　　C. 不太满意　　D. 不满意

表 7–8 显示，10.4% 的被测大学生对当前的专业教育满意，52.6% 的被测大学生对当前的专业教育比较满意，31.8 的被测大学生对当前的专业

教育不太满意，5.2 的被测大学生对当前的专业教育不满意。数据分析表明，63% 的被测大学生对当前的专业教育比较满意或满意。

表 7–8　您对您当前的专业教育满意吗？

项目	频次	百分比	有效百分比	累计百分比
满意	123	10.4%	10.4%	10.4%
比较满意	619	52.6%	52.6%	63.0%
不太满意	375	31.8%	31.7%	94.7%
不满意	61	5.2%	5.2%	100.0%
总计	1178	100.0%	100.0%	

11. 您对高校人才培养质量是否满意？（　　）

A. 满意　　B. 比较满意　　C. 不太满意　　D. 不满意

表 7–9 显示，10.9% 的被测大学生对高校人才培养质量满意，50.1% 的被测大学生对高校人才培养质量比较满意，34.5% 的被测大学生对高校人才培养质量不太满意，4.5% 的被测大学生对高校人才培养质量不满意。通过分析数据表明：61.0% 的被测大学生对高校人才培养质量比较满意或满意。

表 7–9　您对高校人才培养质量是否满意？

项目	频次	百分比	有效百分比	累计百分比
满意	129	10.9%	11.0%	11.0%
比较满意	590	50.1%	50.1%	61.0%
不太满意	406	34.5%	34.5%	95.5%
不满意	53	4.5%	4.5%	100.0%
总计	1178	100.0%	100.0%	

第八章　广西高校创新创业人才培养与劳动力市场需求关系访谈

访谈，就是研究性交谈，是以口头形式，根据被询问者的答复搜集客观的、不带偏见的事实材料，以准确地说明样本所要代表的总体的一种方式。尤其是在研究比较复杂的问题时需要向不同类型的人了解不同类型的材料。访谈法收集信息资料是通过研究者与调查对象面对面直接交谈的方式实现的，具有较好的灵活性和适应性。访谈广泛适用于教育调查、求职、咨询等，其中既有事实的调查，也有意见的征询，更多用于个性、个别化研究。访谈有正式的，也有非正式的；有逐一采访询问，即个别访谈，也可以开小型座谈会，进行团体访谈。在访谈过程中，尽管谈话者和听话者的角色经常在交换，但归根到底访员是听话者，受访人是谈话者。访谈以一人对一人为主，但也可以在集体中进行。访谈法可分为结构性访谈和非结构性访谈，结构性访谈的特点是按定向的标准程序进行，通常是采用问卷或调查表；非结构性访谈指没有定向标准化程序的自由交谈。

为了深入了解广西高校创新创业人才培养质量与劳动力市场需求之间

的关系，课题组设计了针对广西高校大学生创新创业教育人才培养与劳动力市场需求关系访谈提纲，主要围绕创新创业教育、高校在人才培养上现存的主要问题、劳动力市场需求、专业教育与劳动力市场关系、大学期间获取证书等方面开展结构性访谈和非结构性访谈。调查和访谈了广西高校不同层次、不同类型、不同年级的在校本科生。下面是课题组通过对调查问卷的开放问题及对访谈文字的整理，对被访者关于广西高校创新创业人才培养与劳动力市场需求关系的看法。

第一节　关于创新创业教育看法和建议访谈

Q1：您对创新创业教育有什么看法或建议？（见表 8–1）

表 8–1　关于创新创业教育看法和建议的访谈简录

序号	内容
1	高校要多多开展创新创业活动，给大学生创设良好的创新创业教育氛围
2	教师要将创新创业课程与专业课结合，找到适合大学生创新创业教育发展契合点，让大学生学以致用
3	学校应在校园内多营造适宜大学生实践能力发展的创新创业教育氛围
4	高校要多开展创业讲座，分享创业经验，开展创新创业竞赛
5	良好的创新创业氛围非常重要
6	高校应多开些创新创业教育的选修课，实用性很重要
7	开展创新创业教育非常有用，可以多给大学生设置一些沟通交流与人际交往的平台，以实现大学生创业的理想抱负
8	高校应多给大学生增设创新创业的平台和资金
9	高校应多开展创新创业教育相关的主题活动，提高同学们对创新创业的认识，才能积极投入到创新创业教育实践中来
10	高校不应该搞形式主义，把创新创业课程流于形式，仅仅开设一两门理论课，强迫学生修课，结果只是学生拿学分而已，实际上并没能增强学生的创新精神和创业意识
11	加强资金的投入，增设创新创业项目，给学生多提供一些参与创新创业教育实践活动的平台与机会
12	高校应设法提高同学们创新创业活动的实践能力，多邀请创业成功的社会人士给我们开设讲座，提供交流与指导的平台
13	大力支持大学生创业，希望校方能大力支持创新创业活动的开展，多些经费投入

表 8–1（续）

序号	内容
14	想好了，就去做。光说不练，也只是在上理论课，没有实践经验，没有参与创业实践
15	高校应更注重创新创业教育实践，在这方面应增强师资力量，很多教师自身都没有创业经历却来给我们上课，纸上谈兵。
16	高校应该多向大学生宣传创新创业政策，增设创新创业项目，提供多元化的创业资金，让有能力的大学生去创业
17	多多宣传创新创业教育政策，积极引导大学生参加创新创业活动
18	建议设立学生创新创业教育交谈基地，能够更好地让学生了解创新创业知识和相关的创新创业政策
19	多开展创新创业实践活动、创业大赛、创新比赛等
20	高校可以多开展创新创业项目和活动，增加大学生对创新创业教育的认识和了解
21	高校应大力鼓励和支持创新创业教育，增设项目基金和奖励等
22	希望高校能够落实创新创业教育，教授实用的东西，而不要搞形式主义
23	高校需要积极引导创新创业教育，抓好创新创业教育的师资队伍
24	暂时还没有太多创业的想法，如果有资金，可能会考虑
25	能从简单的地方出发，让大学生感受到创新的意义和创业的价值
26	高校可以多多鼓励大学生创新创业，多提供创新创业教育的相关资源等
27	创新创业的氛围很重要，以创业带动就业
28	高校要多开展创新创业教育的相关课程，多多鼓动大学生开展创新创业实践活动
29	创新创业课程要结合专业教学，不要脱离实际而空谈创新创业
30	项目不要多，但求精。可以让更多想创业的大学生成为合伙人
31	可以多安排创新创业的活动、竞赛，作为选修及评奖学金的高学分课程，并进行思想课题会，激发学生的创新创业的兴趣
32	高校应开设专门的课程指导学生，而不是只下任务，只是拿学分，让学生空想，不去行动
33	老师有效地引导可以帮助学生更好地创业
34	高校要加大创新创业教育的宣传力度，提高同学们创新创业的意识与能力
35	高校应创设更好的环境，让更多有创新创业经历与经验的人走进校园，给同学们传经送宝，交流创新创业的成功经验
36	高校应多开设些创新创业教育的实战课程，传授如经营策略、管理技巧等
37	高校应多多投入资金，学生自身资金不宽裕，创新创业资金不到位，学校拿什么鼓励和支持学生创业？空谈创新创业教育吗？
38	创业教育应该开展更多的培养学生创新思维的课程
39	创新创业教育重要的还是要挖掘学生的兴趣点，找到创业的商机，善于沟通、合作与经营
40	高校应积极创设创新创业教育的平台，让学生想创业、敢创业、能创业
41	创新创业教育对一些渴望创业的同学还是很有帮助的
42	高校应多多提供创新创业的资金支持和技术指导

表 8-1（续）

序号	内容
43	高校要多开设一些创新创业课程，多些创新创业实践
44	纸上得来终觉浅，绝知此事要躬行。创新创业教育也是如此
45	创新作为我国现代化建设全局的核心，大力发展创新创业必不可少。高校要不断增加创新创业课程建设，加强创新创业教育，促进创新创业教育的发展
46	高校可以考虑将创新创业教育与假期实习相结合
47	实践是检验真理的唯一标准。要想知道创新创业教育的成效如何，高校应多开展创新创业教育实践性活动。
48	创新创业教育对培养大学生的创业意识是一个很好的课程。
49	实践才是真理，实践才有经验，课程只负责教学，一味地让学生上课，拿创新创业学分，是脱离社会实践的表现，并不可取，要将创新创业教育落于实处，开展实践教学
50	高校应该多开展创新创业教育的相关活动，创造条件带学生参观公司、工厂，多观摩，多学习，多多增设大学生创新创业基地
51	高校应多开展一些创新创业教育的实践性活动或课程教育
52	创业很好，但我们也要把握好一个度：既要考虑现实问题，也不能因为现实的阻挠而畏首畏尾
53	希望自己的创业想法可以得到家人的支持
54	多学多教多做，教师要多加强对大学生的创业指导，提供切实的帮助
55	创新创业教育对大学生很有用，对大学生有启迪
56	创新创业教育挺好的，可以锻炼学生的实践能力，但需要学校高度重视、教师有针对性的指导
57	赞同创新创业教育的实施，希望自己也能组建创业团队，能有机会创业
58	因材施教，不必强求，每个人的想法不一样，适合创业的人可以抓住机遇
59	高校应该加大创新创业教育的资金投入，加强对大学生创新创业项目的经费支持力度
60	创新创业教育很好，出发点很好，就看各个高校怎样操作了。很多高校还是重视就业，对于创业，雷声大，雨点小，不要流于形式
61	很支持创新创业教育，可以让大学生看到当前教育发展的形势和趋势，有利于大学生综合能力的培养
62	希望高校能将创新创业教育落到实处，加强专业教育与创新创业教育
63	各大高校应加强对在校大学生的创新创业教育，增强创新创业教育的管理
64	高校要多渠道寻找资金，更好地为大学生提供创业经费
65	对于创新创业，理论听得再多也只能是理论，自己亲自实践参与比较好，
66	高校创新创业教育与政策宣传不足，创新创业教育浅尝辄止，流于形式
67	对于大学生的创新创业教育，高校应给予学生支持并给予专业性的指导，要加强对创新创业教师的培训
68	创新创业教育的模式还有待改进，不能仅仅停留在课堂教学上，应开展多元化的创新创业教育模式。建议高校要切实开展实践性创新创业教学活动
69	支持大学生创新创业，创业可以为大学生提供劳动力市场就业的机会
70	加强学校创新创业教育，个人觉得目前高校有吸引力的创新创业课程很少，同学们只是为了修学分而被动地去上创新创业理论课，没能激发大学生创新创业的热情

表 8-1（续）

序号	内容
71	高校应多开设创新创业教育的实用性课程，为有创业想法与正在创业的大学生指点迷津
72	高校要加强大学生的创新创业教育，对于有创业想法与能力的大学生应加大支持力度
73	创新创业挺鼓舞人心的，可以发挥大学生的创新创业潜能，给大学生创造一条获取成功的路
74	应多搞点实践活动，希望能有创业经验丰富的老师指导我们的创业活动
75	希望高校增加创新创业教育项目，让更多的学生有机会拿到自己申请的创新创业项目
76	希望学校多多增加投入，开设创新创业教育这方面的参与式课程
77	我们大学生缺乏创业知识，需要了解创业知识和创业的相关政策，希望高校能加强这方面的培训
78	创新创业教育流于形式，教师没有创业体验，没能真正地帮助有创业想法的大学生解决实际困难
79	加强创业宣传，积极引导大学生参与创新创业实践活动
80	实体课堂效果更佳，理论需要结合实际，希望学校多给我们提供一些创业平台，让有创业经验的人给我们加强指导
81	学校应加强大学生创新创业意识的培养，提供相应的帮助
82	创新创业教育理论要结合实践，不能纸上谈兵，光说不练
83	高校要多加强与社会的联系，为大学生提供更广阔的社会资源和平台，让大学生能够在创新创业的社会平台上体验创新创业活动，参与创新创业实践
84	高校应多增加创新创业方面的活动，让大学生参与其中，而不仅仅在听创新创业的理论课
85	社会积极鼓励创业，希望高校能多给我们传授一些成功的创业经验
86	希望高校能多搞一些创新创业活动与比赛等，让有点子、有创业想法的大学生有资金去参与创业
87	创新创业教育可以加强同学们的自主创新意识，提高同学们各方面的技能
88	增加创新创业教育实操训练，比如创新创业大赛、模拟创业活动等
89	创新创业课程不太贴合实际，讲授创新创业的老师照本宣科，纸上谈兵，根本就没在课堂上谈及任何自己创新创业的经历，没有实际创新创业的经验，这样的教学很空洞
90	高校应多开创一些创新创业活动，让更多大学生了解创新创业的要素
91	希望高校能增加一些创业的课程，特别是一些实践性强的创业课程
92	建议高校增加创新创业平台，不断充足师资力量，带动大学生创业
93	建议高校多开展一些创业讲座，让同学们更多地了解创业，为创业做准备
94	高校应加强大学生的创新创业教育，增强大学生的创新创业意识，班上很多学生根本就没参加过创新创业实践活动
95	高校应该针对不同专业的大学生提出不同的方案与策略，激发同学们参与创新创业实践的热情
96	希望多开展一些创新创业课程，让更多的大学生积极投入实践

表 8–1（续）

序号	内容
97	对于创业，身边还是有同学很有想法与冲动的，迫于资金的压力，缺乏营销、管理技巧或存在一些创业政策的盲区，有些同学还是迟迟未开展创业行动，希望高校和创新创业指导老师能多多给同学们提供经费支持与技术指导
98	很好，望高校今后多开展创新创业活动，大力扶持创新创业教育事业的发展
99	希望高校能多结合实际，增设一些奖励等，积极鼓励大学生参与创业活动
100	多一点实践，增强创新创业活动指导，多搞一些有奖励（奖金）的创新创业比赛
101	创新创业教育应该在我校多多进行宣传，让广大师生都能够重视创新创业教育，而不只是上创新创业课程
102	高校应该多开设一些创新创业课程，让大学生能够知晓一些创业模式，分享创业成功的果实
103	创新创业教育很有意义，希望高校可以大力推广创新创业的成功范例，提升大学生创新创业的信心与实践能力
104	希望通过创新创业教育课程能够提高大学生的创新创业能力，组建创业团队，获得学校创业资金的支持
105	希望创新创业教育能给大学生带来一些就业的希望，有利于促进大学生的就业
106	积极支持学校开展创新创业就业，创新创业教育有利于发展大学生的潜力
107	高校应更看重创新创业教育人才培养质量，让更多成功创业的人士与项目走进校园、走进课堂
108	高校要多支持教师开设创新创业教育实用性课程，激发学生想修课、想创业
109	高校应该多开展创新创业实践性活动，教师可以带大学生参观创新创业教育基地等
110	高校应加强创新创业这方面的教育力度，多加扶持有创新创业想法的大学生，加强资金投入与保障
111	创新创业挺好的，创新创业教育可以给大学生更多的发展空间与可能，大学生可以在线上也可以在线下创业，一切皆有可能
112	学校、社会、政府应大力支持创新创业教育的发展，特别在学校层面要积极落实创新创业教育
113	创新创业教育可以更多元化，创新创业教育要落到实处，创新创业的理念特别重要，有创新创业想法的学生才有创新创业的可能
114	希望国家和社会给予更多的支持，在资金或者精神方面
115	创新创业机会难得，创新创业教育如果搞得好，大学生在学校就能赚钱，积累社会经验
116	希望高校能给大学生多提供点创新创业实践平台或就业岗位，让同学们从做中学
117	学校应积极创设有活力的创新创业氛围，开展创新创业活动月或创新创业一条街等活动
118	举办一些创业教育培训，会对学生创业有帮助
119	建议创新创业教育增设实践性学分，让学生参与创新创业实践，这样可以丰富大学生的社会实践，让学生多与社会接触，增加社会经验，丰富创业知识，增长才干

表 8-1（续）

序号	内容
120	希望高校的创新创业课程能够了解我们大学生内心的需求，有的放矢地开展创新创业教学，对有创新创业想法的大学生提供切实有效的帮助与指导
121	高校可以多举办一些科技创新活动，鼓励有兴趣的同学们参加相关的活动
122	高校应多让学生参加创新创业实践，并提供更多的经费支持，没有经费的投入，创业只能是空想
123	先发展自身能力和创新能力
124	创新创业教育可以有，但是不能成为必修课强迫每位学生都去学习，应该主要以兴趣爱好为主，毕竟兴趣是最好的老师
125	希望高校开设的创新创业课程能够贴近市场，提供丰富的市场咨询，让同学们找到市场商机
126	高校应多普及创新课程，传授创新理念、创新意识
127	高校应该多多支持创业者，给大学生创业者更大的自由度
128	高校应多开设创新创业教育课程，多多加强实践性训练
129	高校要创造条件，多给学生提供创新创业的机会，加大经费支持力度，对创新创业成功的大学生给予奖励
130	高校需要增加创新创业的相关课程，教师最好能将自己的创新创业经历与同学们分享
131	高校要多开展一些创新创业活动，让大学生能够接触到真实的创业环境
132	学校应重视创新创业教育，提供经费支持大学生创业，以提高大学生创业的积极性
133	个人觉得创新创业教育挺好的，但我对创新创业教育的实际操作还不是很清楚，希望学校能加强大学生对创新创业教育的认识，而不仅仅是拿几个学分
134	我很支持创新创业，希望学校尽快开设创新创业教育课程和活动
135	高校应加大力度保障创新创业教育的发展
136	高校应该加设创新创业教育课程，聘用创新创业经验丰富的教师开展教学活动
137	高校创新创业教育越早开展越好，越早培养越好
138	提高教师的教学水平！不要纸上谈兵，没有一点实际经验
139	希望高校能切实加强大学生对创新创业的了解
140	高校应该加强对教师创新创业教育的培训，让有创业经历的教师参与教学，有针对性地指导学生参加和开展创新创业活动
141	高校应对创业的大学生给予资金支持、指导与帮助
142	高校应多开设创新实践课，为参与创新创业的大学生提供指导
143	创新创业教学尽量贴近一下学生，创新创业教学不要夸夸其谈，理论不要束之高阁，要考虑学生的实际需求
144	高校要多加强创新创业教育，让创新创业深入人心，把创新创业作为必修课进行管理
145	高校要加大创新创业教育力度，积极鼓励学生参与创新创业实践活动
146	希望老师可以带动学生参与创新创业教育，而不仅仅是上几节理论课
147	学校要积极创设创新创业教育的平台，给予学生创新创业实践活动的机会
148	我们大学生希望能更多地了解创新创业实践案例，教师最好能够带我们走进创新创业基地观摩学习

表 8-1（续）

序号	内容
149	创新创业教育挺好的，如果能通过所学的创新创业知识创造财富会更好
150	创新创业教育可以培养学生的创新精神，提高大学生的创业意识，激发创业热情，进而投身创业实践
151	高校要多开展创业活动，组建创新创业社团活动等，让有创新创业想法的大学生多多交流
152	高校要鼓励和支持创新创业教育，激发同学们的创新创业兴趣
153	加大宣传力度，让大学生明白创新并不是很高大上的东西，普通人有想法也可以参与
154	多开展创新创业活动，多多和有经验的老师及创业成功人士学习交流
155	创新创业教育应做到理论与实践相结合，实践尤为重要
156	创新创业教育在一定程度上能够培养学生的创新能力
157	高校应大力推行创新创业教育，采用多种方式激发大学生创新创业热情，参与创新创业项目与实践
158	我觉得创新创业教育很好，有利于学生日后参与创业实践
159	同学们普遍缺乏创业的启动资金，学校应在资金方面加大保障力度
160	学校不重视，只是在应付，拿个创新创业学分而已，和其他课程没有区别，除了上课还是上课，参与创业的同学寥寥无几
161	建议教师多提供成功人士创业经历的视频，让同学们学习和借鉴创业成功人士的经验
162	创新创业教育应加大宣传力度，让创新创业教育的理念深入人心，让更多的大学生能够接受并参与创新创业实践
163	改变创新创业教育的认知模式教学，改为互动型、参与式的创新创业教育模式
164	高校应多开创一些创新创业教育的相关课程，课程太少，可选择、可操作、可借鉴、有指导价值的创新创业课程实在有限，需要加强创新创业教育的师资力量
165	高校应该先普及创新创业教育，再增加大学生的社会实践，建议创新创业实践也纳入学分管理
166	高校内没有自由环境，何谈创业教育
167	多开展创新创业教育方面的基金项目和活动
168	支持创业教育，但是体系仍然存在缺陷，难以满足，建议完善创新创业教育制度
169	创新创业教育的理论与实践应结合，但现实确实两张皮，很多人光说不练，包括老师在内自身都没有创业行为或体验
170	希望创新创业教育的教学方式能突破常规，体现创新性教学
171	创新创业很好，适应时代的需求和人才的培养。但不是人人都适合创新创业，创业需要勇气，需要理念、管理经营知识、灵活的头脑等，适合自己的才是最好的
172	高校应该为大学生创新创业提供更多的实践平台与机会
173	高校创新创业氛围欠缺，希望学校能多开展创新创业活动，展示创新创业教育，让学生体验创新创业的成果
174	创新创业教育在校园内不广泛，有些学生对创新创业并不关心

表 8-1（续）

序号	内容
175	高校在开设创新创业教育课程之后，要看效果，并不仅仅是为了拿学分，而没进行创新创业行动
176	高校应多举办创新竞赛，激发大学生的创新思维
177	高校应该加强创新创业教育宣传，让大学生敢于创新敢于创业
178	大学生应该更多地去接触一些看得见的创新项目，去了解更多的社会需求，开发出更好的创新题材，而不是对课本进行讲解，因为在创新方面社会是老师
179	高校要多提供一些创新创业的平台和时间让大学生参与创新创业教育实践
180	高校应该增加创新创业教育资金、师资方面的投入

第二节　关于高校在人才培养方面现存问题访谈

Q2：您认为高校在人才培养方面存在哪些不足？（见表 8–2）

表 8–2　关于高校在人才培养方面现存问题的访谈简录

序号	内容
1	强调知识本位，忽视大学生能力、思维、情感和态度的培养
2	课程设计不合理，一些学校既没有根据市场性要求选择并确定专业课程，也没有深入研究行业特点设计、确定主干课程，而是照搬其他高校的做法，甚至照搬国外的模式
3	专业功底较差，动手能力不强。高校基本上是按照“宽进宽出”的原则培养学生。学生动手能力的培养有赖于课程实验和实践，但很多高校实践基地薄弱，这些客观条件限制了学生能力的培养
4	脱离市场需求和行业变化设置课程体系，没有很好地培养适应劳动力市场需求的人才
5	教师缺乏主动性和积极性，教师对企业和市场不了解，本身缺乏创新经验和创业能力，在教育中只是从理论层面讲授知识，拘泥于书本，内容陈旧、方法单一，不能满足学生对创新创业知识学习的需要
6	专业对口就业率和职业对口就业率低
7	缺乏对大学生创新精神和创业意识的培养
8	理论讲解不清楚，缺乏实践训练，应多注重大学生综合能力、实践能力的培养
9	在我国高等教育发展过程中，一直采用“严进宽出”的大学培养方式，尚未建立起完善的评价和淘汰机制，用“严出”倒逼人才培养质量有待改革与实践
10	高校要结合地方特色、社会发展需要和社会要求培养人才，一些高校无视市场对人才的实际需求，完全按照其他高校所开设的专业课程进行培养，造成教学与市场脱节，人才结构失衡
11	大学生心理承受能力较低，心理健康状况欠佳
12	思维模式固化，视野狭窄，思维狭隘。看问题分析问题容易片面化、单一化

表 8-2（续）

序号	内容
13	在高校的人才培养方案中，没有将创新创业教育的理念融入专业课程体系中，没有将创新创业教育同专业课程体系有效地衔接和融合，只是在完整的专业课程体系中增加了几门创新创业课程，创新创业教育与专业教育相互独立和分离，不能与社会需求有效接轨
14	许多高职院校在教学实践过程中，重视职业技术教育，忽视人文素质教育
15	大学生职业训练不足，高校人才培养缺乏实践培养和训练
16	培养的是流水线产品，共性太多无法体现人才的个性
17	高校课程设置不合理，理论偏多，实践较少，学生实际操作能力差
18	人才培养重视力度不够，人才培养方案陈旧，不能与时俱进
19	高校人才培养模式应从学术模式向应用模式转变，从"师本"模式向"学本"模式转变，从接受模式向探究模式转变，从书本模式向实践模式转变
20	缺乏独立的见解和思考，很少关注学生的个性
21	虽然大学的组织架构和人才培养模式不断改革，但在人才培养和教学领域深处，苏联教育模式的影响依然根深蒂固：一是高度集权的计划模式；二是高度专门化的教学体系
22	一些高校没能按照市场的需求开发和设置课程，调整专业课程结构，适应市场运作机制，为社会培养适销对路的人才
23	沿袭旧的教学模式，课程无聊又不实用
24	没有针对性，不断地变化，像小白鼠一样实验
25	高校人才培养批量化生产，没有个性，出类拔萃的人才很少
26	改革开放后，尽管市场经济体制下的用人环境在变化，高等教育招生体制在变化、就业体制在变化、宏观行政体制在变化、高校内部管理体制在变化，但是我们的人才培养、教学计划、课程方案，尤其是大学课堂的教学模式却相对滞后，或者说并没有发生根本变化
27	课程不紧密，师资不高，缺乏实践，缺乏引导
28	动手能力差，眼高手低，实践教学缺乏
29	要么让我们多学习多看书多做科研，要么培养我们多赚钱的能力，除此之外的活动是浪费我的时间
30	跟不上市场变化的需要，课程设置老套，没有吸引力
31	学分制并没有真正实现大学生自主学习这一核心内涵。高校学科专业的壁垒依然存在，专业设置越来越细，课程开设越来越专，课程结构越来越僵化
32	课程没有特色，实用性不强，课程太多太泛，学生想选的课却少之又少
33	培养模式缺乏创新，没有培养学生的个性发展的教育理念，"薄基础、窄专业、弱能力"
34	与社会、市场相关的课程太少，与社会联系不紧密，跟不上时代发展的步伐
35	校外实践基地少，学生实践平台搭建不足。学生实践活动形式单一，学生与社会脱节，不能将理论与实际相结合，不能将理论知识应用到社会实践中去
36	偏重课堂教学，实习实践太少，教学模式单一、枯燥，应试教育的延续
37	尽管高校的外部管理体制、招生就业体制发生了较大变化，但在人才培养上，高校推进的许多改革都是原有体系上的修修补补，没有从根本上撼动原有的教学体系

表 8-2（续）

序号	内容
38	人才培养方案宣传力度不够，学生的专业意识不强
39	不够自由，喜欢强制让学生参加一些活动项目，缺乏激励，学习和创新氛围不足
40	管理制度运行缺位，学生管理制度功利，重“管”轻“理”、重“秩序”轻“质量”、形式多落实少、条块分割、体系不完善。对学生刚性要求多，缺乏灵活性和宽容度
41	创新创业人才培养不仅要依靠高校，更需要行业企业的积极参与，需要学校、政府、社会的共同合作，走校企合作、产教融合之路
42	对学生评价以考试、考核为主，唯分数论，没有考虑到创新创业因素，忽视学生在创新创业实践中的表现，学生片面追求“分数”
43	创新创业的理念没有深入人心，课程设置不合理，缺乏本土化科学化的系统教材，没有像样的创新创业平台，没有建立起完善的人才培养评价体系
44	高校不够重视人才培养，教师对学生的指导不足
45	没有专门、系统的课程用来培养、训练学生，只是布置任务、作业让学生空想
46	资金扶持不足，大学生的动手能力不强
47	学术讲座太少，学术氛围不足
48	大学生与社会接触太少，社会经验不足，对理论知识一知半解
49	计划思维下，学科专业体系已经变成一种行政体系、一种资源配置体系、一种学术组织体系
50	关于课程体系，理论上有三种需求导向：学科需求、社会需求以及个体需求，职业教育应该考虑社会需求，兼顾个体需求；基础学科应该关注学科需求，兼顾个体需求、社会需求；应用学科应对学科需求、社会需求、个体需求做均衡考虑。高校在课程体系建设上，应把课程体系需求各自落到实处
51	很多学生只关注成绩或者其他文娱、体育等活动，创新意识太过淡泊。很多大学生认为创新是很高大上的事情，没有深入了解创新创业究竟是什么
52	人才培养项目少，大学生科研积极性不高
53	大学生所学专业与就业职业的匹配度不断下降，专业性不强，大学生就业没有优势
54	知识教育到位，品德情商教育欠缺
55	高校人才培养目标统一、整体结构单一，缺乏适应性、个性化、多样化。培养的毕业生能力素质无区分度，缺乏应用实践能力与创新思维，无法适应区域发展中行业产业的多层次需求，跟不上新时代科学技术进步与市场经济发展的步伐
56	校园活动不够丰富，学术讲座氛围不足，学生学习的积极性不高
57	大学生参与实践的程度不高，影响了大学生提高创新技能和获取创新性研究成果
58	教学课程比较多，缺乏实践，与市场对接不够，理论与实践脱节
59	高校教师的理论经验丰富，而实践经验相对欠缺是一个普遍现象，专业师资力量薄弱
60	教学方式和方法缺乏创新性。高校人才培养过程中，由于教育的多层次、复杂性及个体的差异性，增加了教育的难度。个性教育总是被忽视，教学方式过于强调教师的主导性，忽视了学生的主体性与创新发挥，过多依赖于传统教学理念、教学方式与管理手段

表 8-2（续）

序号	内容
61	校企合作不足，学校和企业缺乏广泛和深入的交流，对大学生技能的培育不充分
62	高校人才培养目标不清晰，专业人才培养目标的辨识度不高
63	单一化的教学模式不能满足大学生的多样化学习需求以及多样化的知识传播方式
64	大学生个性化培养不足，缺乏一些能吸引学生创意的想法和课程
65	重已知知识的掌握，轻未知知识的探索；重单一专业理论知识传授，轻实践实战能力培养
66	专业核心课程设置混乱，忽视社会科学研究方法的学习
67	高校人才培养体系封闭。高校的治理结构基本是按照职能、学科、专业等划分为界限清晰的不同行政部门和教学院系。各院系之间不同程度地存在专业相轻、模式雷同、关门主义的倾向
68	学科专业的条块分割导致人才培养的信息、资源、师资配置重复建设，专业设置没有特色，目标定位界限模糊，课程内容陈旧重复、课程结构不合理，彼此的资源难以相互渗透与共享，缺乏实现多学科、跨专业协同培养的可行性。协同培养的效果无法满足社会用人市场的需求
69	注重课程教学，相关的实践活动较少
70	只看重学生的成绩，往往忽略了基本素质的培养，如待人待事、为人之道等
71	高校的人才培养形式以学分制为主，以教学计划为准，仍然存在应试教育的问题。在本科四年中，大一学基础、大二学专业、大三考证书、大四找工作的情况普遍存在
72	对社会接触和了解不多，感觉都是在学习专业知识，没有很多机会接触和了解一些企业，与社会脱节
73	师资力量有待加强，课程的前沿性不足，欠缺将学科发展前沿、动态或教师的科研成果渗透在教学中
74	人才培养方案与劳动力市场需求不相适应
75	不重视大学生交际能力、沟通能力的培养
76	课程开设实用性不强，课程的新颖性、前沿性不足
77	高校人才培养目标定位不准确，高校人才培养出现了学校和社会两重标准，且互不对接
78	教学模式单一，不能满足社会的需求
79	高校人才培养与社会脱节，出现了用人单位招聘不到理想员工、毕业生找不到工作的尴尬局面，人才培养的主体性和创造性无法得到充分发挥
80	跨专业、跨学科联系不足，各个专业的融合不够
81	教育经费投入不足，训练设施不完善，缺少训练和实践的机会
82	在高校人才培养过程中，往往重视理论教学，忽视学生的动手和动脑能力，忽视对学生科研能力和学术精神的培养
83	高校人才培养模式滞后，产学研合作不足，闭门造车，封闭式教学，实践性教学薄弱
84	不太注重大学生社交能力、沟通能力这方面的培养，忽视人文精神的培养
85	高校关起门来办学，按既定方针开展教学活动，导致大学毕业生的专业与能力无法满足社会的需求
86	人才个性发展不足

表 8-2（续）

序号	内容
87	理论课和实践课比例严重失调、相互脱节
88	创新创业氛围不够浓厚
89	新兴科技课程研发、开设不足
90	教育经费短缺、实践教学资源匮乏
91	缺少实践训练和职业发展平台
92	实践太少，学生解决实际问题的能力不强
93	教学实验课成了看实验、讲实验，学生做实验成了做习题
94	高校政策和资金支持不够，对大学生的专业技能培养不足
95	教师教学质量不能很好地进行管控，有些老师对教学不用心
96	学校创设的平台不够大，经济支持跟不上
97	缺乏专业培养，学生参与度不够
98	专业不对口，导致大学生就业盲目和困难
99	人才培养没有考虑市场需求
100	文科类专业“水课”比重较大
101	实践教学薄弱，实践教学的学分比例偏低
102	高校的学分多，单位学分的课时多，课程碎片化
103	属于比较放养吧，新专业跟风开设
104	高校课程的前瞻性、前沿性不足，未能将最新学术成就反馈到课堂上
105	强调“以教师为本位”的教育理念，重视教师的主导作用，忽视学生的主体地位，扭曲了正常的师生关系
106	教师以“一刀切”的方式取代了因材施教，限制了大学生个性和潜能的开发
107	教学和评价方式简单化，课堂教学以灌输知识为主，评价系统以笔试为主
108	缺乏批判性思维能力和创造性思维能力
109	理论教学偏多，实践太少，学生的动手能力差
110	教师在教学中过分强调学生对知识的接受和掌握，而忽视学生自主学习能力和创新能力的培养，导致学生主体精神、质疑精神和问题意识弱化，严重影响创新人格的形成
111	高校人才培养目标存在着“借鉴”“模仿”的现象
112	高校教师教学能力和人才培养要求不平衡
113	应该多鼓励大学生创新创业，多一些资金投入和实施的平台
114	高校人才培养目标定位不明确、方向模糊化
115	课程之间的逻辑和先修后继关系不明确
116	目前高校的课程教学模式仍以课堂教学和知识传授为主，对学生综合能力的培养和综合素质的提高关注不够
117	忽视大学生的个性化培养，忽视了学生的差异性、自主性、独立性，实行共性化教育的人才培养模式
118	跨学科、跨专业建设不足，学科交叉与复合型人才培养不足
119	创新创业实践教育落实不到位，高校教学管理太放松、不严格
120	从师资配备、课时设置、重视程度和培养成效上来看，高校课堂教学和实践教学之间存在一定程度的不平衡，而且各个专业差异很大

表 8-2（续）

序号	内容
121	高校人才培养质量有待加强，高等教育面临着不完全市场竞争，竞争的胜负最终取决于高等教育产业生产的“产品”的优势，即人才培养的质量，而不是人才培养的数量
122	高校对于冷门专业要加大培养力度
123	人才培养能力涉及教师、教材、教风、教法、教学设施等方面，其中教师是关键。教师队伍素质是人才培养能力当中的核心能力，高校要着力提高教师队伍素质，增强创新创业教育的师资力量
124	应加强高校校园文化、第二课堂、社会实践和志愿服务建设
125	高校对课内与课外，校内与校外，学习与实习，理论与实践，知识、能力与素质等方面整体优化不够
126	学校的宣传力度不够，学生缺乏坚持、积极向上之心
127	创新创业教育资金以及学校重视程度不够
128	实践教学投入不足，影响学生实践能力的培养
129	片面追求“学术型”人才培养模式，脱离了社会对人才的实际需求
130	实践平台不够，相关活动比较少
131	与社会脱节，没有注重与社会的联系
132	有些高校为追求经济利益，着重建设招生效果好、投资成本较低的专业，缺乏监督和管理，这样的做法势必会影响高校的人才培养质量
133	教学质量跟不上，师资力量不足，特别缺乏有实践指导经验的创新创业教师
134	实验基地、实习基地、实验器材、实验设备投入不足，缺少实践活动
135	高校缺少有关于创业的课程，特别是实操性的创业类课程
136	科学素养和人文素养不平衡
137	没有系统的教师培训机构或项目基金，师资力量不足，师资结构存在问题
138	专业性不强，学非所用，用非所学
139	人文精神缺失，创新动力不足，素质结构失调
140	教学和科研脱节，教学和科研的融合和互动不好，高校普遍存在重科研轻教学现象
141	偏重理论知识方面的考核，忽视学生实际操作能力和过程考核
142	大学生专业知识体系不够健全和系统，书本知识吃不透，基础知识学得不扎实，动手能力不强，专业特点不明显
143	高校“跟风”严重，雷同专业较多，缺乏特色专业
144	专业培养计划制订得过死，照此培养的人才难以形成比较全面的知识、能力和素养，缺乏发展后劲
145	高校资金投入不够，基金项目不足，对大学生的创新能力和科研能力培养不足，师资力量不足
146	学生在学校学习时不够认真，基础不够扎实，高校应该加强老师对学生的指导，增强教师与学生的互动
147	大学生职业生涯规划培养和培训力度不够
148	高校对人才培养的主导地位认识不够充分，大学生专业知识培养不是很到位，大学生的专业能力没有得到有效提升

表 8-2（续）

序号	内容
149	给予了太大的自由空间，没有很严格的管理，学生自己管自己效果不好。教师的监管不到位，实习的时候，甚至连续几天见不到实习指导老师
150	和市场的对接问题是人才培养中的大问题，所学应该有所用，体现学以致用，但现实中，高校的人才培养与市场对接相脱节，甚至严重滞后
151	大学生专业理论基础知识不够扎实，自学能力、创新能力、实践能力、动手能力和表达能力有待进一步加强，大学生的综合素质有待进一步提高
152	理论教学与社会实际不匹配，校企合作不足。高校没有给学生创设好的实践平台，实习时间太少，同学们实训、锻炼的机会太少
153	不够重视大学生的实践动手能力培养，教师讲课速度快，教学效率低
154	学校重视程度不够，教师创新创业实践经验少，创新创业教学效果差
155	实践活动少，结合专业开展的活动更少，学生的专业性不强，实践能力差
156	选修课出勤率低，选修类课程不受学生重视，任课教师也是睁一只眼闭一只眼，课程教学效果不佳
157	人才培养方案不被学生熟悉，很多学生不知道人才培养方案，高校应重视向学生宣讲人才培养方案，让学生充分了解自己的专业以及应该做哪些功课
158	专业与市场需求不匹配，有些专业明明很难找工作，学校依然在开设这样的专业，搞得学生学习很努力，找工作依然很被动
159	高校创新创业课程开设少，创新创业知识扩展有限
160	高校对大学生的专业认知和思想启发不够深入，有些大学生不喜欢自己的专业，对专业学习和学校有抵触情绪
161	缺乏实践，缺乏项目，缺乏师生间的交流，缺乏教师的有效指导
162	实践活动和社会实践平台不多，与社会接触太少
163	高校实践课程不足，缺乏实践训练，不能有针对性地、切实有效地培养专业人才，专业性不强
164	人才培养方案不符合学生的实际心理期望，开设的课程不受学生欢迎
165	实践氛围不足，效果不好，学不到什么有用的东西
166	学生懒散，高校创新创业教育体系不健全，创新创业教育实施不到位
167	师资力量不足，实践平台不足，资金支持不足
168	学校创新创业教育流于形式，大学生参与的积极性不高，创新创业相关讲座太少，学校也不推广创新创业成功范例，创新创业活动也没见取得什么好的成效
169	没能突出专业优势和特色，大学生在就业市场择业，被问及学的是什么专业时，遭遇尴尬。追问高校人才培养方案，既然这类专业在就业市场不受待见，为什么高校还要继续开设这样的专业？大学生学了四年的专业课，面临就业换来这样的结局
170	师资力量薄弱，创新创业课程以说教为主，创业园区、创业基地都没见老师带我们去参观过
171	提高教师的教学水平，增加教师创新创业教学的实际经验
172	教师的责任心不强，与学生沟通太少，一个学期的课下来没认识几个学生
173	形式化，没有结合实际市场需要而制定人才培养方案
174	高校和教师对有创新创业想法的同学帮助不到位，学校顶多立上几个所谓的创新创业基金或项目，之后大都是学生和团队自己在弄，没怎么见指导教师对学生什么实质性的指导与帮助

表 8-2（续）

序号	内容
175	资金投入不足，创新创业氛围淡薄，学生考研的考研，找工作的找工作，从事创业的学生少之又少
176	大学生创新创业教育的参与程度与学校的重视程度有关，希望学校能加强对创新创业的重视程度，多投入，加大各方面的保障力度，让学生能真正投入到创新创业实践活动中
177	创新创业课程太少，实用性的课程更少
178	对专业和人才培养方案宣讲不够，导致学生对所学专业仍存在较大的迷茫性
179	学生学习不够积极，教师缺乏有效的引导，教师的教与学生的学都有待改进与加强
180	学校的学习氛围和学习风气不好，在身边的大学生当中仍存在“60 分万岁，考试及格就好”的想法
181	缺乏自由的环境和认真负责的教师
182	缺乏资金投入，校园活动太少，项目太少，经费支持不足
183	学校太过于应付检查，很多方面不能满足大学生的内心需要
184	与职业发展规划相关的课程少，结合专业发展进行宣讲的课更少
185	校园活动太少，校外活动更少，学校管得太死，学生缺少自由
186	人才培养效果不够显著，有些专业的就业率很低，专业不对口，在人才招聘市场遭遇尴尬，找不到与专业对口的工作
187	学习很多无关的东西，感觉大学四年有点浪费时间
188	教学内容偏向理论，缺少实践，理论教学有余，实践训练不足
189	高校教学模式有待改进，参与式教学太少，讲授式教学太多
190	专业课程设置与市场需求不匹配，专业课程设置应与市场需求相结合，增开那些随市场经济体制建立的、随第三产业兴起而发展起来的产业和行业所需的课程
191	所开设的课程不足，对很多课程不够注重，在实践方面有不够力度！
192	实践性课程较少，进了学校门基本上就没跟社会打过交道，学校和教师缺乏给我们营造与社会接触、实习、实训、参与实践的机会
193	学习氛围不浓厚，从来只知道某某同学获得了某奖，却不知道某位老师在研究取得了什么成果。学生应该把老师当作偶像，而不是同学间相互攀比。主要是学校不宣传老师们的成果
194	课程选择与安排不够，学校注重就业，创业教学极其少，创业授课的老师自己本身毫无创业经历
195	大学生社会实践太少，脱离市场、脱离社会的感觉
196	对于企业人才需求，学生专业能力达不到，沟通和抗压能力不强
197	经济社会的发展对人才需求是多元化的，而各个高校对人才培养却是单一甚至盲目的，这种单一化人才培养方向与多元化人才需求之间的矛盾导致了人才培养方向混乱不清的问题
198	教学太过于理论化，缺乏实践训练，理论与实践结合不好
199	人才培养方案很随意，课程开设也很随意
200	教育经费、教学设备、实验设备、图书等教育资源短缺，师资力量不足
201	课程教学深度不够，对社会的认知不够，与人接触、打交道不够
202	教师上课照本宣科；实践课堂太少，学生实践能力不足，教学基础不牢

表 8-2（续）

序号	内容
203	除了拿本毕业证书和本科文凭，其他没什么用
204	高校课程教学理论太多，实践太少，应简化理论、增强实训，为社会培养应用型、创新性人才
205	专业教育不够深入，学习课程泛而不精，大学人才培养滞后于社会需求
206	高校没有结合市场需求开设课程，人才培养方案陈旧，跟不上社会和市场发展的需要
207	学校教学设备陈旧、较差，学生实践课程太少，学生动手操作较差
208	过多的理论灌输，缺少实践训练，大学生与社会接触很少
209	学校给学生提供的实践课程和实践活动太少，导致学生的实践能力较弱
210	高等教育的目标定位存在较大缺陷。高校仍把培养综合化、研究型人才作为主要目标，但快速发展的经济社会更需要创新型、实践型、通专结合型的人才
211	招生规模不断扩大，由于学生人数迅速增加，师资力量匮乏，许多公共基础课和专业基础课都是若干个班级合在一起上课，甚至连专业课也是如此。用数量的增加掩盖了内在质量的下降，数量越多，高等教育质量下降越快
212	理论与实际相脱节，与市场联系甚少，缺乏实践能力、创新能力
213	除去专业课，全面发展学生的各项能力做得不到位
214	在课程设置上理论教学多，实践教学少；必修课多，选修课少，专业设置墨守成规，缺乏创新，不能适应社会的发展
215	应注重加强实践方面的相关能力，人才培养应该更加具有专门性
216	人才培养方案宣传力度不够，导致学生没有意识到人才培养方案的重要性
217	个别老师不注重基础，而倾向于对学生技术的传授
218	动员引导方面，很多有兴趣的同学都不知道如何开始
219	高校的教学管理模式和管理体制直接制约着人才培养模式，要改变人才培养模式，首先应变革学校的教学管理模式和管理体制
220	高校应与社会发展相衔接，否则高等教育的人才培养不能适应社会发展需求，导致人才数量的增长无助于发展
221	对人的沟通能力、吃苦耐劳的精神培养不够
222	同质化趋向严重的现象培养了越来越多“雷同”的“产品”，不同层次高校人才培养的模式趋同、趋高，特色不明显
223	专业结构和课程设置不能适应市场和社会的需要。传统大学教育最大特点就是从传统的“学科本位”模式出发，以完整的学科体系为出发点考虑课程开发，偏重理论知识的完整性、系统性和严密性，缺乏对社会需求的把握，往往是有什么样的老师，有什么样的办学条件，就培养出什么样的人才
224	没有较多专业发展与职业生涯规划教育方面的培训，与社会需求明显脱节
225	高校创新型人才培养中存在专业设置与社会需求脱节、培养方案滞后等问题，还有政府和高校对人才培养体系投入不足、教学模式和方法陈旧、教学安排不合理、专业特色不明显、人才培养模式思路狭窄、高层次人才数量不足等问题
226	教育人才培养脱离市场现象严重，盲目招生、盲目设置专业，学生毕业后知识面狭窄，能力较差、适应性较弱

第三节　关于专业教育与劳动力市场关系访谈

Q3：您怎样看待专业教育与劳动力市场之间的关系？（见表 8–3）

表 8–3　关于专业教育与劳动力市场关系的访谈简录

序号	内容
1	专业教育促进劳动力市场的发展
2	专业教育与劳动力市场对口，大学生在就业市场就容易找到工作
3	专业教育是进入劳动力市场的前提
4	劳动市场与专业教育紧密相连，才能更好地发挥专业的特长
5	前者与后者的关系，只有受过专业教育的人才能在劳动力市场上稳扎稳打
6	专业教育为劳动力市场提供专业人才
7	专业教育与劳动力市场两者相互影响，密不可分
8	专业教育课程的开设要符合劳动力市场发展的需要
9	专业教育要为劳动力市场培养和输送人才
10	专业教育与劳动力市场之间要相互联系，不能脱节
11	专业教育与劳动力市场相对应
12	劳动力市场需要大量接受过专业教育的人才
13	高校专业教育与劳动力市场脱节现象较为严重
14	专业教育跟不上劳动力市场的发展
15	专业教育与劳动力市场不对口，高校在开设专业的时候就应考虑到大学生的就业问题，避免毕业即失业现象的发生
16	专业教育要满足市场需求
17	专业教育是一个门槛，劳动力市场是一个平台
18	有时紧密相关，有时完全用不上场
19	专业教育与劳动力市场有一定脱节
20	专业教育应积极适应劳动力市场
21	专业教育应与劳动力市场相对应
22	市场根据需求招聘不同专业不同教育背景的人
23	专业教育应符合劳动力市场的需要
24	专业教育应与劳动力市场接轨
25	专业教育与劳动力市场相互影响相互促进
26	主要看专业方向，每个专业和劳动力市场的关系都有一定的区别，但是医学类的专业教育与劳动力市场紧密联系，即专业知识要求高
27	劳动力市场人才紧缺，但是专业门槛高，矛盾突出
28	专业教育的高低水平与劳动力市场需求的高低和薪水高低有一定的对应关系
29	专业教育对劳动力市场有影响
30	有了专业知识才能更好地参与市场竞争
31	专业教育应该紧密结合劳动力市场
32	很多时候大学生找的工作和专业并不对口
33	只有专业教育质量高，才能为劳动力市场提供更优秀的人才

表 8–3（续）

序号	内容
34	专业教育与劳动力市场密不可分，专业教育是孕育人才的地方，劳动力市场是发展人才的地方
35	专业教育产生具备专业知识的劳动力，劳动力的知识储备影响其工作选择，不同层次的劳动力构成劳动力市场
36	教育知识是基础，基础较好的话，劳动力市场就会有更多更好的劳动力资源
37	专业教育应该根据劳动力市场来开设相应课程
38	专业技能好，才能更好地帮助我们创业
39	专业教育为劳动力市场提供了质量支持
40	专业教育应适应劳动力市场
41	专业知识只是劳动力市场中的一部分但不是全部，需要全面发展，但不能全是专业教育
42	专业教育与劳动力市场是一个互相依存的关系，专业教育教得好，学生学的知识就会为劳动力市场注入新的力量，劳动力市场需要专业人才
43	专业教育很大程度上为劳动力市场培育专门人才
44	专业教育为劳动力市场提供劳动力
45	专业教育应与劳动力市场相匹配
46	专业教育应该服务于劳动力市场
47	专业教育与劳动力市场互相需求
48	专业教育与劳动力市场存在脱节。接受专业教育的大学生，找工作可能与专业不对口，这与高校专业开设与人才培养方案有关
49	专业教育可以提高劳动力市场质量
50	专业教育与劳动力市场相互联系又互为补充
51	专业教育与劳动力市场相互关联，专业教育水平高的话会促进劳动力市场的活力
52	专业教育培养出来的不一定是劳动力市场需要的
53	专业教育越好，市场发展得越好
54	专业教育不应当脱离劳动力市场的需求
55	专业教育应与劳动力市场互为匹配
56	专业教育与劳动力市场关系密切，专业教育应该满足劳动力市场需求，与劳动力市场互补
57	有些专业教育与劳动力市场存在供大于求的关系
58	有充足的知识储备才能应对劳动力市场的竞争
59	专业教育决定劳动力市场
60	专业教育与劳动市场紧紧相连
61	专业教育与劳动力市场是息息相关的
62	好的专业教育可以促进劳动力市场的发展
63	专业教育应该与劳动力市场紧密结合
64	很多专业与以后从事的工作相关性不大，一专多能也很重要，综合素养、综合能力的培养很重要，高校人才培养要适应市场需求
65	专业教育应与劳动力市场结合
66	专业教育与劳动力市场之间要成正比
67	专业教育应与劳动力市场紧密结合

表 8-3（续）

序号	内容
68	专业教育不应滞后于劳动力市场，应有前瞻性，主动适应劳动力市场的发展
69	专业教育为劳动力市场提供人才
70	专业教育可以为劳动力市场提供更优质的劳动力
71	专业知识应该学以致用
72	有需求有供应
73	专业教育与劳动力市场是相连的，专业教育是对劳动力市场的变动做出针对性的教育
74	专业教育服务于劳动力市场，劳动力市场为专业教育指明方向
75	专业知识是在社会上竞争的一个重要的条件
76	专业教育应与劳动力市场相结合，根据市场需求，培养适销对路的人才
77	劳动力市场需要什么样的人，专业教育就应该去培养什么样的人
78	专业教育奠定劳动力市场的基本质量
79	专业教育和劳动力市场关系密切。专业能力越强，可选择的劳动力市场就越大
80	专业教育可以创造劳动力，为劳动力市场培育人才
81	专业教育程度越高，所在劳动力市场的经济价值就越高
82	专业知识高低与劳动力市场的需求有关
83	专业教育直接影响劳动市场
84	专业教育应满足和适应劳动市场的需要，企业和高校要加强合作
85	有些专业教育不符合劳动力市场要求，应该淘汰这类专业
86	接受良好的专业教育能够使大学毕业生更快更好地在劳动力市场找到适合自己的工作
87	专业教育应有针对性，培养劳动力市场需要的人才
88	专业知识是一切的基础，劳动力市场是专业教育成果的具体表现
89	专业教育与劳动市场相关很大，劳动市场需要大量的人才，只有专业教育好，才能为劳动市场提供更优质的人才
90	专业教育要看重劳动力市场的需求
91	专业教育可能在劳动力市场就业时用不上
92	专业教育与劳动力市场没有太多的关系，大学毕业出去找工作，专业不对口
93	专业学得好，在劳动力市场的竞争力就高
94	专业教育和劳动力市场有时并无关联
95	专业教育应该与社会接轨，让学生了解社会，了解劳动力市场，来填补学生对于社会与市场的认识空缺
96	专业教育越高，劳动力市场需求越大
97	学好了专业，能促进劳动力市场的发展
98	专业教育能提高劳动力市场的竞争力
99	专业教育与劳动力市场相互影响，相互促进。专业教育为劳动力市场输送有专业技术的人才

第四节　关于劳动力市场需求访谈

Q4：您认为当前劳动力市场最需求什么样的专业和人才？（见表 8–4）

表 8–4　关于劳动力市场对人才需求的访谈简录

序号	内容
1	有能力，有管理创新能力的人才
2	科技专业人才
3	创新型人才
4	IT 软件、人力资源管理员
5	新兴专业人才
6	机械专业类人才
7	医学类人才
8	跨专业人才
9	最需要与人工智能相关的专业，最需要具有沟通能力的人才
10	有创新意识，同时具有吃苦耐劳精神的人才
11	财经专业人才。专业能力强，有创新思维，管理能力强
12	我觉得缺科技方面的人才，还有医学方面也缺。我觉得对于当前的社会形式来说，各方面都缺人才
13	专业的，全能的，有自信和能力，沟通能力强的
14	有能力，知识储备强的
15	人工智能人才
16	与工作相匹配的人才
17	满足国家需要的紧缺型人才
18	专业型人才，善于与人沟通，具有吃苦耐劳的精神
19	社会公益性人才
20	能为社会服务，具有创新精神的人才
21	具有创新能力和自我突破能力的人才
22	管理方面和销售方面的人才
23	工程开发型人才
24	市场开拓型人才
25	具有知识能力深度和知识能力广度的 T 字形人才
26	有专业素养和实践操作能力的人才
27	新工科人才
28	技术型人才
29	既有创新思维，专业能力又强，头脑灵活，而且能够很好地处理人际关系的人才
30	生产、技术方面：生产、技术、工程开发、动力设备、品质检验等方面的人才
31	动手能力强的人才
32	专业能力强，工作经历丰富，沟通能力强的人才
33	专业与沟通能力比较强的人才
34	市场开拓、管理、销售、服务、调研、广告宣传等方面的人才

表 8-4（续）

序号	内容
35	制造类，工科人才
36	最需求工科专业，最需求有能力、有专业技能知识、积极上进的人才
37	劳动力市场需要高素质的专业人才
38	有独立见解的人才，在这之前必须是专业知识基础好的
39	技术含量高的人才
40	知识创新型人才
41	统帅型人才，如企业的职业经理人等
42	拔尖创新型人才
43	综合素质高的人才
44	商学院管理者。全面型人才，不但要精于专业，各行各业要有所涉猎
45	复合型人才，具备丰富的知识，有较全面的能力的人才
46	高新尖人才
47	务实，精干，工作踏实，有一定工作经验和实务操作能力的人才
48	有想法，有执行力的人才
49	具有更多社会工作经验的人才
50	对创造力要求较高的人才
51	专业能力好，吃苦耐劳，自我管理能力好，高情商人才
52	社会服务型人才
53	具有一定的指挥能力，有一定技术、能熟练示范操作，能带领下属很好地完成任务的人才
54	实干、有实力、心理抗压力强的人
55	精通专业，专业能力强的人才
56	电子专业、金融业、新能源专业等人才
57	管理型和高新技术型人才
58	高素质的教师
59	务实的、能够干实事的人才
60	从事旅游行业、旅游体验方面的人才
61	传媒行业人才
62	语言表达能力强，有创新创业能力，专业知识强的人才
63	忠诚、廉洁自律、尽职尽责、吃苦耐劳，有创新能力，善于沟通，纪律性强、组织能力强的人才
64	有过硬的专业知识的人才
65	生物医药、生物研发方面的人才
66	科技产品研发类人才
67	石油化工业高级技工
68	语言培训类人才
69	健康管理类人才
70	网络安全工程人才
71	新媒体运营类人才
72	有一技之长的技术型人才
73	技术型专业和创新型人才

表 8-4（续）

序号	内容
74	高级动漫类人才
75	无论是什么专业的人才，能创新创业的，都符合劳动力市场的需求
76	人工智能类人才，如 Python 工程师、大数据工程师、软件开发工程师、云计算工程师等
77	沟通能力、表达能力强；组织能力强；为人处世能力强；专业能力强
78	专业知识过硬，具备良好的沟通交流能力和书面表达能力的人才
79	互联网专业的人才
80	创新能力强、管理与人力资源管理类人才
81	适应社会发展的相关专业，综合能力和素质较高的人才
82	医药学专业
83	市场营销及有关方面的专业人才，擅长沟通的人才
84	技术型和管理类人才
85	高素质的多维人才
86	金融和 IT 类人才
87	专业知识牢固、创新能力强、变通能力强，沟通和协调能力强的人才
88	技术型人才
89	人力资源管理类人才
90	具有创新意识的人才
91	专业能力强，沟通能力好，耐心细心的人才
92	工科类具有创新精神的人才
93	技术创新含量高的专业和人才
94	科技、医学类人才
95	能够吃苦耐劳，有创新精神的人才
96	服务类人才
97	具有专业素养和创新能力的人才
98	综合能力、实践能力比较好的人才
99	专业，技术能力强的人才
100	工作经验足，创新和创业能力强，具有良好的沟通能力的人才
101	符合社会发展的专业人才，有社会实践能力的人才
102	需要高科技的专业和人才
103	高新技术人才，有创新能力，专业知识储备强硬
104	一专多能型人才
105	营销类、艺术类、医学类人才
106	有能力和有经验的人才
107	创新型、有技术含量的人才
108	有诚信，专业知识扎实的人才
109	高知、高学历的人才
110	创新型，有能力，知识储备充足的人才
111	沟通能力、创新能力、变通能力、专业能力就强的人
112	符合社会发展的新型人才
113	高精尖的专业与技术人才

表 8–4（续）

序号	内容
114	专业水平高、尽职尽责的人才
115	具有创新头脑的人才
116	计算机芯片方面的科学技术人才
117	能吃苦、变通能力强的人才
118	计算机大数据等技术专业人才
119	有想法、有行动、吃苦耐劳的人才
120	技术和管理相结合的复合型人才
121	安全方面的人才
122	IT 互联网、计算机方面的人才
123	新进、创新、奋发的人才
124	某方面特别突出的技术型人才
125	专业技术人才
126	网络安全方面的人才
127	机器人工程师
128	专业对口，适应性强的人才
129	全面发展的人才
130	电子科技类的技术人才
131	有能力，敢创新，能吃苦耐劳的人才
132	具有创新、沟通和协调能力的人才
133	高能力、综合型人才
134	管理类人才
135	计算机、机械工程类人才
136	吃苦耐劳的都喜欢，最需要的应该是建筑方面的人才
137	创新创业型和专业能力、学习能力强的人品好的人才
138	专业好、沟通能力强、善于处理突发公共事件和危机公关的人才
139	高新技术人才
140	电子科技类的技术人才
141	金融经济类的人才
142	技术经验充足的人才
143	高科技人才、管理人才
144	有较强执行力的人才
145	创新、具有独立思考能力的人才
146	新工科类专业人才
147	符合社会发展需要的技术型人才
148	有组织管理能力、技术高超的人才
149	能力强，做事有逻辑的人才
150	具备良好沟通能力的综合性人才
151	沟通能力和专业能力较强的人才
152	大数据分析与互联网应用专业人才
153	信息技术、食品营养、健康行业、人工智能、新能源开发等方面的创新型人才
154	房地产策划类人才

表 8–4（续）

序号	内容
155	社会实践经验丰富的人才
156	专业能力强，沟通以及组织管理能力强的人才
157	风险评估类人才
158	软件开发、程序员等方面的人才
159	新媒体运营人才，短视频运营、微信运营、大 V 号运营、高级文案策划运营等人才
160	汽车研发人才
161	复合型人才、一专多能型人才
162	网络营销人才
163	精通计算机、外语的人才
164	基于计算机的个性化数据分析人才
165	注册会计师
166	社群营销架构运营类人才
167	在线教育类人才
168	大数据技术人才
169	养老服务人才
170	AI 设计师
171	从事 VR 虚拟现实行业的人才
172	从事早幼教育行业的人才
173	具有市场信息研究能力以及职业规划和职业测评能力、心理研究等知识的职业规划师
174	高级网络营销师
175	人力资源总监、资深的人力资源师
176	心理咨询师
177	从事新零售行业的人才，运用互联网和物联网等技术为消费者带来多样化个性化的产品和优质服务
178	从事电气焊、特种车辆操作、高压电工、糕点制作、烹饪、汽车美容、数控机床、动漫、安检、汽车维修、纺织技术、钢铁冶炼、汽车电路等专业的高级技师
179	从事航空运输、高铁乘务、航空物流、电子商务、药学、酒店管理、文秘、服装设计、计算机应用、护理、广告设计、导游、汽车营销等专业的技术型人才

第五节　关于大学期间获取证书访谈

Q5：您在大学期间获得过哪些证书？您觉得哪些证书比较重要？（见表 8–5）

表 8–5　关于大学期间获取证书的访谈简录

序号	内容
1	英语四级证书、普通话证书、计算机证书
2	学位证、英语证书
3	英语四级证书
4	体育方面的证书；专业知识和兴趣爱好的证书比较重要
5	暂时没有获得证书；英语六级、计算机二级比较重要
6	专业证书
7	国家奖学金证书
8	优秀学生干部证书；与专业有关的证书比较重要
9	目前还没有获得证书；英语四六级证书、计算机二级证书等比较重要
10	职业技能证书
11	大学英语六级证书、普通话二甲证书、教师资格证；英语及计算机相关方面的较为重要
12	职业技能证书比较重要
13	大学英语四级证书、大学英语六级证书、计算机二级证书
14	英语四级证书、计算机二级证书
15	没获得什么证书
16	专业知识大赛证书
17	普通话二级证书；会计资格证，教师资格证，计算机二级、一级证书比较重要
18	大学英语四级证书；和自己专业相关的证书比较重要
19	还没有参加考试；大学英语四级证书、大学英语六级证书、一些职业证书比较重要
20	大学英语六级证书、计算机二级证书
21	大学英语四级证书、大学英语六级证书以及参加各种研究活动的证书
22	英语专业四级证书、英语专业八级证书
23	大学英语四级证书、计算机二级证书比较重要
24	大学英语四级证书比较重要
25	大学英语六级证书，在与别人的竞争中，六级比四级有优势
26	大学英语四级证书、大学英语六级证书、计算机二级证书都重要
27	计算机证书
28	三好学生证书、奖学金证书、优团优干证书；奖学金证书、学习标兵证书之类的证书比较有用
29	优秀学生干部证书，还有一些舞蹈大赛证书。大学英语六级证书和计算机证书比较重要
30	大学英语四级证书、大学英语六级证书、计算机二级证书

表 8–5（续）

序号	内容
31	技师证书、英语能力证书
32	英语证书以及一些国家级的荣誉证书
33	大学英语四级证书、大学英语六级证书、计算机二级证书、普通话证书
34	大创之类的证书比较重要
35	获得高级商务秘书证书；大学英语四级证书、大学英语六级证书、计算机二级证书比较重要
36	大学英语四级证书、大学英语六级证书比较重要
37	大学英语四级证书、大学英语六级证书
38	大学英语四级证书、大学英语六级证书、计算机二级证书、教师资格证、初级会计师证书
39	大学英语四级证书、大学英语六级证书、课题研究证书
40	尚未获得证书；大学英语四级证书、大学英语六级证书比较重要
41	校三好学生证书、先进团员证书等；英语四六级、计算机等级证书等比较重要
42	大学英语四级证书、大学英语六级证书、广西壮族自治区“书香校园·阅读圆梦”活动三等奖证书等；和成绩相关的比较重要，其他的许多文娱、体育活动都没那么重要
43	专业过级证书、评优评先的证书；专业过级证书比较重要
44	大学英语四级证书、国家励志奖学金证书
45	大学英语四级证书、普通话证书、中级按摩师证书；大学英语四级证书比较重要
46	国家励志奖学金证书
47	自己本专业的证书和一些社会需要的证书，证书越多越能在找工作时比别人有优势
48	计算机一级证书；计算机专业的证书重要
49	会计从业资格证、计算机证书
50	职业资格证书比较重要
51	目前没有获得证书；能体现自身价值的证书比较重要
52	计算机证书、大学英语四级证书、大学英语六级证书、会计证书
53	大学英语四级证书、大学英语六级证书、专业英语四级证书、大学英语口语证书、计算机一级证书
54	英语 B 级证书；专业证书比较重要
55	口译证书、专业英语八级证书
56	技术证书
57	英语 B 级证书、普通话证书；会计证、毕业证比较重要
58	有关专业的证书都比较重要
59	暂时没有证书；对工作、创新创业有用的相关证书都很重要
60	英语 B 级证书、普通话证书；初级会计证、计算机二级证书比较重要
61	计算机证书和普通话证书比较重要
62	大学英语四级证书、大学英语六级证书；专业证书、文凭证书比较重要
63	优秀志愿者证书、优秀团员证书、参加竞技类比赛证书；获奖级别越大的证书越有用
64	大学英语四级证书；本行业入职类证书比较重要

表 8-5（续）

序号	内容
65	专业证书比较重要
66	目前没有获得任何证书；大学英语四级证书、大学英语六级证书、普通话水平测试证书及计算机二级证书等比较重要
67	会计从业资格证书、大学英语四级证书、计算机二级证书
68	大学英语四级证书、各类竞赛证书
69	优秀志愿者证书；大学英语四级证书以及计算机二级证书较为重要
70	大学英语四级证书、计算机二级证书
71	专业英语四级证书、专业英语八级证书
72	校级三好学生证书、校级优秀学生干部证书
73	大学英语四级证书、大学英语六级证书、计算机等级证书、职业资格证书比较重要
74	大学英语四级证书、计算机二级证书
75	大学英语四级证书、大学英语六级证书
76	没有获得过证书；职业资格证书比较重要
77	目前没有获得过证书；计算机证书和英语等级证书比较重要
78	大学英语四级证书、大学英语六级证书、计算机二级证书、计算机三级证书、专业类证书
79	展现自我价值的证书
80	技师证书
81	大学英语四级证书、大学英语六级证书、计算机二级证书
82	专业比赛证书、校级三好学生证书、优秀毕业生证书很重要，因为事业单位入编要求优秀毕业生证书
83	普通话二级甲等证书；证书都挺重要的
84	优秀学生干部证书比较重要
85	大学英语四级证书、大学英语六级证书、计算机二级证书、心理咨询师三级证书、C1 驾驶证、教师资格证
86	校级优秀学生干部证书
87	教师资格证
88	还没有获得过证书；入职证书比较重要
89	大学英语四级证书、大学英语六级证书、教师资格证、计算机二级证书
90	专业证书
91	会计证、大学英语四级证书比较重要
92	证券从业资格证书、大学英语四级证书、校级优秀学生干部证书等
93	没有任何证书
94	职业资格证书
95	技能证书
96	教师资格证、大学英语六级证书
97	专业知识证书和相关口语证书比较重要
98	未考证书，但是证书对于不同的人都有不同的意义
99	大学英语四级证书、大学英语六级证书
100	技能证书、专业证书
101	大学英语四级证书、大学英语六级证书比较重要

表 8–5（续）

序号	内容
102	大学英语四级证书、普通话证书、教师资格证、驾驶证；毕业证书、学位证、教师资格证比较重要
103	计算机证书、普通话证书、大学英语四级证书比较重要
104	计算机一级证书、干部聘书
105	优秀青年志愿者证书、普通话证书；大学英语四级证书、大学英语六级证书比较重要
106	几乎没有证书；技能证书比较重要
107	技术证书、职业资质证书
108	大学英语四级证书、计算机二级证书
109	入职证书、职业资格证书比较重要
110	专业英语八级证书、教师资格证
111	专业资格证书比较重要
112	暂时还未获得证书；证书都重要
113	专业类证书
114	英语 B 级证书、专业资格证书
115	英语 B 级证书、计算机一级证书比较重要
116	计算机二级证书、大学英语四级证书
117	大学英语四级证书、大学英语六级证书、学位证书比较重要
118	普通话三级甲等证书、计算机一级证书、第十三届绘画大赛优秀奖证书、学生优秀干部证书、资助先进个人证书、社团先进个人证书等；与专业相关的证书、大学英语四级证书、大学英语六级证书、计算机二级证书等比较重要
119	国家奖学金证书、自治区级获奖证书比较有含金量，比较重要
120	国家励志奖学金证书，大学英语四级证书、大学英语六级证书比较重要
121	大学英语四级证书、大学英语六级证书
122	专业证书
123	辩论赛证书；专业证书比较重要
124	志愿者服务证书、学科专业知识证书
125	专业技能证
126	大学英语四级证书、计算机二级证书
127	社团干部证书、班干证书、演讲比赛证书等
128	大学英语四级证书、大学英语六级证书、护士资格证
129	计算机一级证书、普通话合格证书、英语 B 级证书
130	英语证书、计算机证书、教师资格证
131	专业考级证书，翻译大赛获奖证书
132	大学英语六级证书和计算机二级证书较重要
133	大学英语四级证书、普通话证书、各类比赛证书
134	校级优秀团干证书、校级三好学生证书、国家励志奖学金证书、学校二等奖学金证书
135	专业英语四级证书、专业英语八级证书、口译大赛获奖证书
136	教师资格证书比较重要
137	英语 B 级证书、技师证书
138	计算机二级证书、普通话二级乙等证书

表 8-5（续）

序号	内容
139	专业知识方面的证书
140	聘书、职业证书比较重要
141	与职业技术相关的证书
142	大学英语四级证书、大学英语六级证书、计算机二级证书、专业证书、普通话一级乙等证书
143	计算机二级证书、教师资格证
144	英语等级证书、计算机等级证书
145	大学英语四级证书、普通话证书；毕业证、学位证比较重要
146	计算机三级证书、软考的证书的含金量较高，比较重要
147	计算机二级证书；实践竞赛获奖证书比较有用
148	创业实践的证书
149	英语 B 级证书、计算机二级证书
150	大学英语四级证书、教师证等都比较重要
151	教师资格证
152	学校的荣誉证书
153	毕业证、学位证、技能证书比较重要
154	证书都重要
155	大学英语四级证书、语言类证书和比赛证书比较看重
156	暂未获取证书，相关的专业证书重要，其他的多考
157	英语 B 级证书、大学英语四级证书、大学英语六级证书、计算机二级证书；毕业证、学位证、与专业方面有关的证书等比较重要
158	大学英语四级证书、大学英语六级证书
159	专业类比赛证书；专业类证书比较重要
160	教师资格证、大学英语四级证书、大学英语六级证书、普通话二级乙等证书
161	国家励志奖学金证书，市三好学生证书、计算机二级证书等比较重要
162	专业英语四级证书、专业英语八级证书、口译证书，专业英语八级证书重要
163	毕业证书、学位证书、施工员证书、安全员证书、监理证书比较重要
164	创新创业大赛的证书比较重要
165	大学英语四级证书、大学英语六级证书以及与专业相关的各种证书
166	校级三好学生证书、创新创业证书
167	专业证书比较重要
168	专业技能水平证书、外语水平证书等比较重要
169	各类大赛的获奖证书
170	普通话二级甲等证书；大学英语四级证书、大学英语六级证书比较重要
171	计算机二级证书、大学英语四级证书、大学英语六级证书
172	大学英语四级证书、创新创业大赛证书
173	证书都重要
174	大学英语四级证书、大学英语六级证书、驾照证、学位证、毕业证科技创新门类的证书
175	教师资格证、会计师证书等比较重要
176	毕业证、学士学位证、职业证书

表 8-5（续）

序号	内容
177	与本专业有关的证书
178	职业技能证书
179	比赛证书
180	大学英语四级证书、大学英语六级证书、自治区级和校级获奖证书
181	大学英语四级证书、计算机二级证书比较重要
182	国家励志奖学金证书、校三好学生证书、学习成绩优秀奖证书
183	大学英语四级证书、计算机二级证书
184	大学英语四级证书、大学英语六级证书
185	奖项类证书、大学英语四级证书、计算机二级证书
186	英语 B 级证书、普通话二级甲等证书；驾驶证、实用型证书比较重要
187	毕业证、学位证、职业资格证书
188	普通话二级乙等证书、驾驶证；数学建模证书、计算机二级证书、大学英语四级证书、大学英语六级证书、统计学专业证书比较重要
189	还没有获得证书；大学英语四级证书、大学英语六级证书、计算机二级证书比较重要
190	奖学金证书、校级优秀学生干部证书、先进个人等证书；知识竞赛类证书、大学英语四级证书、大学英语六级证书、计算机二级证书都重要
191	能突出自己能力的证书比较重要
192	大学英语四级证书、大学英语六级证书、计算机二级证书；执业医师资格证比较重要
193	技师证、职业资格证书比较重要
194	职业准入证书、学位证、毕业证比较重要
195	专业英语四级证书、专业英语八级证书比较重要
196	国家奖学金证书、校级三好学生证书、校级优秀团员证书；国家奖学金证书比较重要
197	校优秀志愿者证书、普通话水平证书；学位证、毕业证、教师资格证比较重要
198	目前暂未获得证书；跟专业有关的证书比较重要
199	自治区级及以上的竞赛证书比较重要
200	大学英语四级证书、大学英语六级证书；与专业相关的工程师资格证书比较重要
201	普通话等级证书、计算机二级证书、大学英语四级证书、大学英语六级证书、各类比赛证书比较重要
202	英语 B 级证书、计算机二级证书、驾驶证、技师证比较重要
203	教师资格证书、校级优秀学生干部证书、校级优秀三好学生证书等荣誉证书、竞赛证书比较重要
204	专业英语四级证书、专业英语八级证书；专业获奖证书、自治区级优秀毕业生等荣誉证书比较重要
205	大学英语四级证书、大学英语六级证书、普通话一级乙等证书、计算机二级证书；教师资格证、校级优秀团干证书、校级三好学生证书、自治区级优秀毕业生证书比较重要

第九章 广西高校人才培养与劳动力市场需求对接策略

党的十九大报告指出：当前我国社会的主要矛盾是人民群众日益增长的美好生活需要和不平衡不充分发展之间的矛盾①。高校是人才的策源地，为劳动力市场源源不断地培养和输送人才。高校培养什么样的人才？高校与劳动力市场的关系如何？高校培养的人才与劳动力市场的关系如何？高校各专业人才培养方案、课程体系能否适应劳动力市场和社会发展的需求？教育是民生问题，是人民群众日益关注的重要问题。人民群众对教育及未来拥怀着美好的期待。2019 届我国高校毕业生已达 834 万人②，2020

① 秦金月 . 中共十九大开幕，习近平代表十八届中央委员会作报告［EB/OL］.（2017-10-18）［2019-12-26］.http：//www.china.com.cn/cppcc/2017-10/18/content_41752399.htm.

② 吴振莉 .2019 届高校毕业生达 834 万 就业形势总体平稳［EB/OL］.（2019-08-06）［2020-06-08］.http：//edu.sina.com.cn/gaokao/2019-08-06/doc-ihytcitm7247772.shtml.

届我国高校毕业生规模将达到874万人，较2019年同比增加40万人[①]，面对激烈的劳动力市场竞争，面对高校人才培养与劳动力市场需求不匹配的一系列问题，高等教育何以提升质量，让大学生学有所用，更好地满足人民群众对教育、对人力资本投资的期待，让人民有获得感。高校人才培养质量与劳动力需求关乎民生，要强化高校人才培养应以适应劳动力市场需求和社会需要为检验标准的理念，满足社会需求和人的发展需要。

第一节　广西高校和人才培养存在的问题研究

高等教育发展受政治、经济、文化、科技、人口、政策、历史、地域等多种因素的影响，还受教育的供求状况影响。广西目前没有“985”高校，也没有中科院直属科研单位，仅有广西大学一所“211”高校。由广西高校创办的高新技术企业极少能进入上海、深圳的证券市场，服务地方经济发展的能力仍比较低[②]。广西高校大都属于教学型、专业技术型院校和少量的教学研究型大学。因此广西高校都应把目标定位在服务地方经济的发展，在人才培养模式上改革，进行专业调整时不能偏离这一定位，以服务于广西经济发展的应用型创新人才为主[③]。

---

① 2020届高校毕业生预计将达874万 历年高校毕业生人数逐年增加2020年大学生就业形式分析［EB/OL］.（2019-11-01）［2020-06-09］.http：//www.chinairn.com/news/20191101/140319476.shtml.

② 黄初升.增强广西高校综合实力 大力提升服务地方经济能力［N］.广西政协报，2015-07-24（2）.

③ 韩仁美.广西高校人才培养模式改革的战略思考：基于北部湾经济区发展的新形势［J］.传承，2008（24）：132-133.

广西高校存在办学规模偏小、办学层次偏低、专业设置不合理、人才培养方案有待优化、管理模式落后、实践教学薄弱、国际交流与合作不够深入等问题。广西区域经济发展对人才的需求与日俱增，但当前广西高校人才培养存在着高等教育资源分布不均衡、高素质人才缺乏、高校专业设置重复或不足等问题。广西高等教育缺乏供不应求的高层次人才的培养，存在很大的发展机遇。高等教育投资属于长线投资，发展需进行长期规划。广西壮族自治区政府始终把教育摆在优先发展的战略地位，制定了《广西教育提升三年行动计划（2018—2020 年）》，广西未来的高等教育将有质的飞跃[①]。广西高校应大力发展高等教育，优化现有高校专业结构；应面向区域经济的人才需求对已有的部分进行专业调整，在保证基础性学科不变的基础上，加强校内或校际合作，开设新的专业或调整已有专业的培养方向。

从普通高校的类型上看，广西地方高校主要以师范院校为主，理工科类和职业院校发展滞后，综合性大学数量较少，具有重点学科的高水平大学少，高校普通高等院校呈现出以职业院校和以面向基础教育为主的师范院校的发展的类型结构特征，而以理工科门类为主的院校相对发展不足[②]。广西高校专业结构出现两极化，一是重复设置过多，如计算机科学与技术、英语、电子信息工程、汉语言文学、艺术设计、旅游管理、国际经济与贸易等专业的布点数都在 5 个以上。布点过多导致某些专业人才数量超出社会的需求量，浪费教育资源，同时产生部分大学生就业难的问题。另一方面，与广西区域经济发展关系密切的学科专业空缺。广西作为一个

---

① 肖临，夏飞 . 广西与湖南普通高校教育发展比较分析［J］. 统计与管理，2019（1）：79–82.

② 蔡妮 . 广西高校在北部湾经济区发展中的现状及对策［J］. 钦州学院学报，2009，24（2）：56–59.

临海的省份，具有丰富的海洋资源和广泛地利用开发前景，对海洋类专业人才的需求也非常大。广西与发展海洋产业相关的人才和技术非常缺乏，海洋专业人才的缺乏极大制约了海洋经济的正常发展[①]。广西高校，如广西大学、广西师范大学、桂林电子科技大学、桂林理工大学等高校均未开设海洋类专业。在全国海洋类人才都短缺的情况下，广西靠外来人才输入是不现实的。广西只有依托地方高校，大力培养适合具有地域特色的海洋类人才，以服务地方经济发展的需要[②]。

高校发展与经济发展相辅相成，经济发展促进高校的发展，高校的发展进一步为经济发展提供动力，这在地方院校表现得更为明显。广西高等教育专业结构调整要顺应区域经济产业结构的变化趋势。要提高广西高等教育与区域经济发展的适应性，依据广西产业结构的调整趋势，优化广西高校现有的专业结构。广西高等教育主管部门应组织人员根据区域经济区发展的中长期规划和产业结构调整的趋势，并结合《国家中长期教育改革和发展规划纲要（2010—2020 年）》，对未来一定时期内，对高级专门人才的需求在专业、层次、规模等具体情况作出科学准确的预测，在此基础上，对广西高校专业设置的种类、数量及布局进行总体规划。通过专业办学质量评估机制，对区内各高校已有学科专业的办学质量进行评估。对于规模效益低、办学条件不足、人才培养质量差的专业，坚决予以撤销或改造。而对办学质量高、办学特色鲜明的学科专业，应进行重点建设，使之成为品牌专业或特色专业；通过专业论证机制，对各高校拟新建专业是否存在

① 宋大伟 . 北部湾经济区建设背景下的广西高校战略发展研究［J］. 梧州学院学报，2011，21（4）：101-104.

② 刘可慧，于方明，李天煜，等 . 从社会需求看广西高校海洋类人才培养［J］. 中国科教创新导刊，2011（19）：236-237.

重复建设，所在学校是否具有建设该专业的师资、场地、仪器设备等方面条件进行论证，只有达到该专业设置标准的方可批准设置，杜绝专业设置的盲目性和随意性；对于一些目前广西高校还没有设置、但经论证是广西区域发展建设急需的专业，教育管理部门要积极创造条件，让基础较好的高校尽快设置此类学科专业①。

人才培养方案有待优化。广西高校虽然在教学改革中强调应用性，但总体上看课程体系改革力度不大。部分专业修改了人才培养方案，但是部分改革是“换汤不换药”。高校人才培养模式仍未与市场需求相匹配，校企合作平台没有真正搭建起来。

管理模式落后。地方高校基本都是省属高校，所在地的地方政府及财政都不进行具体管理，所以互相沟通比较少。地方高校很少参与当地政府及企业的事务，当前的管理格局是省级管理部门到校级管理部门，再到院系。这种垂直的管理方式表面上看是学院制，但实际权力没有下放或没有完全下放，二级学院在话语权上没有决定力，被动处于学校行政管理体制之中②。

创新驱动发展战略的核心是依靠科技创新推动产业转型升级。广西区域经济发展逐步进入新常态，在新的增长缺乏动力、经济下行明显、区域产业结构亟待升级的形势下，2016 年 9 月 22 日，广西壮族自治区党委、人民政府召开全区创新驱动发展大会，出台了《关于实施创新驱动发展战略的决定》《广西科技创新“十三五”规划》《广西战略性新兴产业创新

---

① 李东航．广西区域高等教育与区域经济发展的适应性研究［D］．桂林：广西师范大学，2006：19.

② 张勉，靳闯．地方高校转型为应用型大学的困境与出路：以广西 19 所高校为例［J］．重庆第二师范学院学报，2016，29（1）：105–108.

发展实施方案》等系列配套文件，为广西走出一条具有广西特色的创新驱动发展之路指明了方向。为应对经济发展新常态对高等教育创新驱动的要求，区域产业结构升级成为地方本科高校转型为应用型本科的内在动力。广西高校如何契合国家发展战略需要及产业发展方式转变的机遇，在创新中谋发展，在发展中促进创新机制的升级，将关系到广西高校自身的优化发展，同时也为广西正在面临转型的应用型高校指明了发展路径①。

广西高校必须根据时代发展需要对人才需求的变化，把创业教育作为培养创新人才的新型教育模式来加以建设。合理定位，改革课程设置。按照国务院出台的《关于地方本科高校转型发展的指导意见》（征求意见稿）进行分类改革，区分研究型大学和应用型大学人才培养的路径，尤其是对正在转型的应用型本科高校进行重新定位，引导其重点培养面向产业升级急需的人才；专业设置围绕高校定位进行改革，进行市场和行业调研，避免高校专业趋同化。

实践教学薄弱。广西作为后发展、欠发达的少数民族区域，教育水平与发达省份相比整体偏弱，特别是应用型本科院校作为一类从产生到发展都还比较年轻的学校类型来说，发展的压力很大，还缺乏经验，与地区形势发展的需要还有差距。而应用型本科院校的实践教学从师资队伍、基本条件到顶层设计、资金投入等方面都还有一些不足，亟须解决。随着广西产业转型升级和经济社会发展，社会急需一批直接服务实体经济、服务工业企业的高素质应用型技术人才。但目前，广西高校人才的供给和需求契合度不够，在一定程度上影响了广西社会经济的跨越式发展。2018 年，

① 姚靖．创新驱动发展战略下广西地方高校的发展路径研究［J］．经济与社会发展，2016，14（6）：89–92.

广西政府印发的《关于深化产教融合的实施意见》指出：紧密围绕产业需求，强化实践教学，构建应用型人才培养体系。2019 年，广西壮族自治区党委、政府印发的《广西教育现代化 2035》强调，促进人才培养链与产业链、创新链有效衔接，实现教育与经济社会深度融合，注重培养学生的职业素养、工匠精神和实践能力。鉴于此，广西高素质应用型技术人才的培养既至关重要又十分迫切。高素质应用型技术人才的培养，其核心环节就是实践教学①。

广西是我国面向东南亚的前沿阵地，在与东南亚的经济往来中占据着重要的地位。人才是创新的主要力量，提升经济发展的动力实际上就是要加强创新人才的培养②。在中国—东盟合作背景下，广西经济社会进入快速发展阶段，人才供需矛盾突出，没有相当数量和质量的厚基础、宽口径、文理渗透、通才加特长、知识结构具有多远复合型特征的人才，这对于广西这样一个少数民族经济欠发达的地区而言并非优势。现行高校教育结构不够合理，办学规模偏小，难以适应国际化背景下地方经济建设的需要。

“一带一路”是我国目前经济发展的重大倡议，旨在联合周边国家实现区域资源的整合，进而实现区域经济的共同发展。“一带一路”建设为广西高校教育国际化发展带来了重大机遇。广西高校教育国际化发展是深入推进“一带一路”建设的有效路径，且“一带一路”建设为广西高校教育国际化发展提供良好平台。“一带一路”背景下广西高校教育国际化发展应以树立理念为前提，明确自身教育国际化发展定位；以创新管理机制

---

① 向媛秀．高校转型背景下广西应用型本科院校实践教学探讨［J］．广西教育，2020（19）：111–113.

② 梁炳辉，廖克敏．“一带一路”和“创新驱动发展战略”背景下广西高校科研人才队伍建设创新性研究［J］．美与时代（城市版），2018（2）：116–117.

为引领，提升教育国际化管理水平；以人才培养为核心，驱动教育国际化全面推进；以师资队伍为保障，推动教育国际化人才培养；以人文科学为抓手，拓宽教育国际化发展路径[①]。广西与东盟国家在地理位置上尤为接近，加上生活习惯、文化传统等相近，吸引了大量的东盟留学生到广西高校学习。广西与东盟国家应争取实现高等教育双向交流，有利于广西与东盟国家的互惠互利，培养适合广西区域经济发展的人才及高素质的双向人才，从而进一步促进中国—东盟的文化交流。广西高校可以通过合作办学，学习国外先进的管理理念，借鉴成功经验，提升广西高校与东盟国家高校合作办学的水平[②]。

第二节　广西高校人才培养与劳动力市场需求对接的应对路径

一、高校人才培养应适应经济结构和产业结构的发展变化

“配第－克拉克定律”“库兹涅茨学说”“刘易斯的二元经济理论”以及“罗斯托的经济成长阶段论”都认为随着社会经济的发展变化，第一产业的就业比例会减少，而第二、三产业的比例会增加。就业增长点主要在第三产业，而与之相对应的每个产业内部的职业结构也发生变化，职业结构向高新技术产业、知识密集型服务业和创意产业发展。遵循优胜劣汰、适者生存的自然法则，对于严重滞后或是被经济结构和产业结构发展淘汰

① 曾扬阳，李冬冬，彭洁．“一带一路”背景下广西高校教育国际化发展路径探讨［J］．广西教育，2020（23）：107-108.

② 韦帮得，李杨．广西高校特色发展战略路径［J］．四川职业技术学院学报，2013，23（4）：93-95.

的专业，要及时采取应对措施，从源头上关停滞销专业，清除高校人才培养与劳动力市场需求不匹配的隐患。

广西区域经济发展对人才提出了新的需求，广西高校应抓住机遇，针对广西区域经济发展，进行人才培养模式改革，培养专业人才，构建高素质应用型人才培养新模式。围绕服务广西区域经济、社会发展，建设应用型特色学科和专业，优化专业结构。根据《广西北部湾经济区发展规划》和相关产业规划，结合经济区人才发展实际和产业特点，广西编制了《广西北部湾经济区2008—2015年人才发展规划》，重点确定了石化、林浆纸、能源、钢铁和铝加工、粮油食品加工、海洋产业、高技术、物流和现代服务业等九大重点发展产业人才培养。广西高校应该根据规划发展的需要，快速调整专业设置，为广西区域经济发展提供有力的人才支持。要以社会需求为原则，根据广西地方经济的特点和行业背景及其发展需要，不断建设新型的应用性专业，如石化专业、造林工程、造纸工程、核物理专业、铝加工专业、修造船专业、海洋运输与渔业、海洋化工与制药等。突出广西区域人才需求特点，针对急需的现代物流、金融保险、咨询策划、信息中介服务人才，加快发展高等职业教育和高等普通教育，培养和提供中高层次相关专业人才，从行业整体水平的层面提高服务业从业人员职业基本素质，加快现代服务业的发展壮大。针对发展广西服务业高端管理人才缺乏的特点，依托广西各高校，加大服务业高层次管理人才培养力度，形成本土的高端人才培育基地，以满足不断扩大的高层次人才需求[①]。

人才培养规格的调整取决于经济的发展和社会的需求。广西高校人才

---

① 朱红晖．适应广西北部湾经济区发展下的广西高校人才培养模式研究［J］．中国成人教育，2011（18）：68-70.

培养规格应考虑到区域发展的前景与趋势，适应经济结构和产业结构的发展变化，符合区域发展的实际。广西高校人才培养应考虑中国—东盟合作对人才的动态需求，紧密围绕广西北部湾经济区发展的人才需要，调整专业的设置。广西区内高校大致划分为桂东南地区高校和桂北地区高校。桂东南地区，广西大学是广西区内唯一 一所“211”院校，可以根据自身专业所具有的优势，强化已有农学学科专业建设与研究，加大培养土木类工学专业、化工学科、海洋技术等专业人才，以满足广西北部湾重点产业的需要。广西民族大学可以重点打造东盟学科群，加大力度培养英语、越南语、泰语、老挝语、柬埔寨语、缅甸语、印度尼西亚语等语种的人才，对开设的经贸商旅专业，结合自身语言优势，培养复合应用型人才，充分发挥东南亚语种培养的示范和辐射作用。北部湾大学是由广西壮族自治区人民政府与国家海洋局共建的，是全国应用技术大学（学院）联盟首批理事高校、教育部学校规划建设发展中心“产教融合创新实验项目”基地院校、国家“十三五”规划建设的“应用型本科高校”项目单位，是一所以工学、理学、管理学为主，多学科协调发展的全日制普通高等学校。北部湾大学可利用北部湾经济开发的机遇，结合自身的办学特色和区位交通优势，围绕广西北部湾经济区的人才需求，在已有学科的基础上，增设海洋运输、水产养殖、物流货运、航海技术、保税专业，重点推进海洋相关专业的设置，以弥补广西区内海洋专业人才急缺的现状。广西科技大学位于工业城市柳州，是一所以工为主，包含工、管、理、经、文学等 9 大学科门类的多科性高等学校。广西科技大学可以充分利用工业城市的优势和交通便利，重点培养技术型高级人才，对钢铁和铝加工、林浆纸、能源产业、冶金、农业机械等精细化专业，培养“精、细、高”型人才。桂北地区的广西师范大学、桂林理工大学、桂林电子科技大学等多所高校可培养人文类、理工类、光电信息工程学等专门人才，注重内涵建设，增强人才的专业素养、国际化素养和综合素质，以满足社会对人才知识面宽、应变能力强等多种素质的要求。通过调整广西区内高校人才培养的规格，广西高校人才培养应适应区域经济结构和产业结构的发展变化，建设独具广西特色的高等教育，面向东南亚，使广西高校走上国际化舞台，打造区域国际型大学①。广西高校间也要加强合作，实现校间的优势互补，提高学校教育资源的使用率，培养交叉复合型人才。

广西南宁高新区初步建立了以发展高新技术产业为导向、以国家级孵化器——南宁新技术创业者中心为载体的技术创新服务体系。据统计，南宁高新区目前共有南宁留学人员创业园、南宁软件园、南宁大学创业园、生物产业孵化园、中国—东盟科技企业孵化园等各类专业孵化器5个，孵化场地30余万平方米，在建的孵化器3个。广西南宁高新区发展对高校人才培养起着促进作用。同时，广西高校发展对南宁高新区发展起着反相促进作用。高校高端科研创新人才为南宁高新区输入新鲜血液。高校高端科研项目让南宁高新区项目发展突飞猛进。以广西大学为例，其石墨烯科研项目的成功极大地助力了南宁高新区的发展，其成果产业化更是使得广西石墨烯产业"无中生有"，抢占了石墨烯产业发展的先机。南宁高新区与高校之间的发展相互促进、相互依存，南宁高新区的发展在一定程度上引领了地方高校人才培养的发展方向，并积极提供了培养人才所急需的资源以及实践机会；高校的发展也为南宁高新区带来了优质的科研设计人才和高端科研项目，极大地均衡了生产加工工作者以及

① 黄勇荣，丁丽丽，何亨瑜．中国—东盟合作背景下广西高校发展战略研究［J］．广西社会科学，2013（10）：43–46.

科研设计人才的比例[①]。

二、高校人才培养应与劳动力市场需求相结合

无论是数量上的失衡还是结构上的错位，均属劳动力市场供需失衡。高等教育供给包括数量、质量和结构等方面的供给。高校毕业生供需双方的互动，是高等教育与劳动力市场的互动。高等教育与社会经济发展需求的互动关系，实质上是由劳动力市场调节的。就业是民生之本，是经济之本，就业数量和质量是经济发展的源泉，因此，在外部环境既定的情况下，教育与经济之间的关系在一定程度上是教育与劳动力市场之间的关系。只有具备良好数量、质量的劳动力供给，在一定的配置机制下，完成与需求的匹配才能转化为推动经济发展的生产力[②]。

高校人才培养与劳动力市场需求不匹配，新兴专业人才供给不足，专业和课程设置滞后于劳动力市场的需要，会引发毕业生失业和一系列社会问题。高校招生计划的制订以及专业人才培养方案的设计都应以市场需求为导向，将高校人才培养与劳动力市场需求相结合。处在人工智能的时代和社会，高校不能不问市场，一厢情愿，埋头苦干，相反，高校要以市场为中心，认真分析和思考人才培养与劳动力市场需求匹配的良策，培养适销对路的人才。高校需要在创新驱动发展理念、创新创业教育背景下，探寻高校人才培养与劳动力市场需求相结合的新机制、新举措，进而精准施策，促进高校人才培养与劳动力市场需求的良性发展，为创新型国家的建

① 谢奋，陈依玲，张珀瑜，等．“一带一路”战略背景下，地方高新区与高校人才培养双边互利发展模式的探究：以广西南宁高新区为例的调查研究［J］. 时代教育，2017（5）：113.

② 肖鹏燕．中国高校人才培养与劳动力市场需求的非均衡研究［M］. 北京：首都经济贸易大学出版社，2014：3.

设培养创新型、高层次、高质量的人才。

在专业方向方面，广西高校要兼顾复合应用型人才培养模式和广西区域经济的特点，突破按学科设置专业方向的传统思维，走与广西区域经济及市场发展紧密结合的道路，创造性地按就业来设置专业方向，即结合就业市场尤其是广西区域经济发展与市场的特点来设置专业方向，并随着社会、经济和科技的发展要求，及时调整、更新专业方向和课程内容，强化学生的应用能力。

三、转变就业观念，增强高校创新创业教育与专业教育的融合

引导高校毕业生转变就业观念，鼓励多渠道、多形式就业，促进创业带动就业，做好高校毕业生的就业工作。提升毕业生就业创业能力，增强就业稳定性，推动实现更高质量的就业。《关于深化高等学校创新创业教育改革的实施意见》（国办发〔2015〕36号）提出，把深化高校创新创业教育改革作为推进高等教育综合改革的突破口，即强调创新创业的教育职能。在高校开展创新创业教育，是落实以创业带动就业，促进高校毕业生充分就业，不断提升其就业竞争力和可持续发展潜力的重要举措。高校要为学生提供创新创业教育的平台，开展各种各样的创新创业活动，培养具有创新创业精神和创业能力的高素质人才。

专业教育以及随之而来的大量的职业群体的专业化，是高等教育的主要贡献。“大学在帮助学生进入社会方面发挥了积极的作用，大学把学生培养成为专业人才，把他们分配到相应的职位。这些职位是他们不接受大学教育绝对不可能获得的。”[①] 把创新创业教育融入专业教育，提升学生

---

① 亚瑟·科恩．美国高等教育通史［M］．北京：北京大学出版社，2010：152.

创新创业能力、实践能力和职业发展能力，并以改革创新为动力，加强高校创新创业教育理论和实践研究，进一步完善高校课程教学体系、教学模式、教学内容、教学方法等，为社会培养和输送更多具有现代意识和时代精神的创新型、创造型、创业型人才。

拥有大量整体高素质的创新创业人才是创新驱动发展战略得以实施的关键因素。只有具备成规模的高素质创新创业型人才，才能形成集聚优势，产生知识溢出效应，从而转变成巨大的创造力。实践证明，高等教育的创新创业教育是培养创新型人才的重要途径。近年来广西高校也一直把创新创业教育作为推动教育教学改革的契机。“挑战杯”创业大赛和“大学生创新创业计划”等活动都得到了各高校的重视和积极响应。但是，目前创业教育在我国高等学校的发展仍处于起步阶段，大多高校在发展创新创业教育的理念上存在偏差，从诸多高校实施创业教育的实践过程看，教育形式大多以课堂讲授为主，以实习实践活动、创业讲座、创业竞赛等第二课堂活动为辅，倾向于创业知识与技能的培训，创业教育与专业教育割裂发展，没有形成系统的创业教育模式。这体现在大学生创业实践或者在各种大学生创业设计大赛中的项目往往缺乏专业知识支撑，专业技术含量不足，没有形成对学生专业创新意识和创业实践的引导，也没有上升到人才培养目标的高度，一定程度上违背了国家发展大学生创业教育的初衷。加强创业教育与专业教育相融合，完善创业教育服务体系，积极探索多种方式将创业教育的理念贯穿于专业教育的始终[①]。

---

① 姚靖．创新驱动发展战略下广西地方高校的发展路径研究［J］．经济与社会发展，2016，14（6）：89-92.

四、补齐高校人才培养短板，注重大学生的能力培养，大力开发高校毕业生的创新创业能力

如何有效解决高校人才培养与劳动力市场需求相适应的问题，促进高校人才培养与劳动力市场需求的有效衔接？我们在分析高校扩招、产业结构、经济结构转型升级、教育结构滞后与经济发展等因素时，应全面分析影响和制约高校人才培养与劳动力市场需求有效衔接的根本问题。笔者认为，高校人才培养与劳动力市场不匹配的问题更应从高校的核心工作——人才培养上去寻求突破口，补齐高校人才培养短板，大力开发高校毕业生的创新创业能力，加强高校人才培养与劳动力市场的有效衔接，有效应对和解决高校毕业生的就业难问题。

注重大学生的能力培养。能力培养是人才培养的关键。创新能力是当代大学生最需要培养的一种能力。创新能力是人们应用发明成果开展变革活动的能力，这个变革活动是指包括从产生新思想到产生新事物再到将新事物推向社会使社会受益的系列变革活动。就业能力是一种与职业相关的综合能力，大体上可归纳为劳动者满足就业需要的知识、技能和态度三大要素。创业能力就是事业心与开拓技能的培养，就是一个人开创性形成的教育，这就是创业教育的基本含义。广义的创业教育是要培养具有这种事业心和开拓技能的人，狭义的创新创业教育是与解决自我生存能力联系在一起的。

广西高校在人才培养方案的制定上不仅要注重理论知识的培养，还要给予实践教学足够的重视，加大实践教学的投入。在人才培养模式上应打破传统的封闭式理论培养模式，使之转为开放的实践式培养模式，在教学计划上吸纳企业以及其他用人单位的意见，加大学校和企事业单位的互动力度，积极为学生提供实习机会，注重让学生参与实践和创新活动，这样

才能真正培养出符合企业需要的人才[①]。

增强学生的“双创”意识。深化高校创新创业教育改革，让“双创”实验走进课堂，让学生有更多的机会去体验创新创业，走进众创空间，以提高学生对创新创业的兴趣。高校可增加相关创新创业课程，培养学生发现机会、抓住机会的能力；鼓励学生创新创业，为那些有可行性计划的学生提供创业便利，例如可缓期毕业，平时课业成绩可与其项目挂钩，用学分制度或者奖励条件来激励学生的创业积极性。打造高校“双创”环境。高校可通过组织一些创新创业竞赛活动，鼓励学生参与，并且放宽限制条件，鼓励学生进行跨专业合作，在学生增强“双创”意识的同时，培养其团队合作的能力。也可以开展沙龙讲座等活动，宣传“双创”精神、“双创”意识。

五、重视实践教学，加强实践教学体系建设

高校毕业生动手能力和应用能力不强。实践能力的培养对学生必不可少。注重学生实践能力的培养，通过不断实践来强化其创造性思维能力，实现理论和实践的结合。实践教学是培养大学生综合能力、提升职业技能的关键环节。实践教学在大学生职业技能和职业发展中不可或缺，它既是发挥理论在现实工作指导作用和价值的体现，也是将理论知识转化为实践能力的桥梁和中介。

随着经济结构的转型升级，现代社会对人才职业技能发展提出了更高的要求。高校要打赢人才培养攻坚战的胜利，取得人才培养的红利，必须

① 田辉鹏，王立民，蒋海娟．泛北部湾经济开发背景下的广西高校人才培养模式改革的思考［J］．东南亚纵横，2011（6）：71-74.

大力加强实践教学。随着国家创新型人才培养目标的提出，当前，高校都在调整人才培养目标，这就需要各高校理清自身的办学定位和特点，重视创新人才的教育和培养，尤其是人才培养计划应就教学内容、方法及课程体系等方面进一步深化改革。但是，由于受传统应试教育模式的影响，创新创业教育和实践仍是很多高校的短板。因此，这会是一场涉及高校教育教学及实践改革的庞大工程，无法在短期内奏效①。

高校在人才培养中应加强理论与实践的结合，基于"以能力为中心"来建构课程与教学体系，体现"以学生为中心、以活动为中心、以经验为中心"三个特点，注重"独立能力、实践能力、探究能力"的训练；主张学习与教育要满足学生的内在需要，以兴趣为中心，反对压抑学生想象力与创造力，强调从做中学，强调学生多参加实践活动，凸显实践教学的重要性，给学生提供实践平台，培养其运用理论知识解决实际问题的能力，增强其实践动手和操作技能。

实践教学要充分调动资源，形成社会、政府、高校合力，打造优质教学实践平台，推动形成高校孵化、政府扶持、产学研合作运营的高效模式②。在政策、人力、财力和物力上给予充分保障，大力加强实践教学体系建设，将实践教学落到实处，培养适应现代社会发展和需要的创新型人才。同时，教学实践平台建设不能大而全或简单地在地方建立实习基地，要以广西区域经济发展实情为基础，把握广西区域产业特点，结合优势产业和未来重点发展产业，以市场对人才需求为导向，打造具有广西区域特

① 黄雅麒，刘湉，王婉蓉，等．广西高校众创空间发展现状与问题研究［J］．价值工程，2020，39（3）：280–282.

② 贺旋．中国—东盟区域经济背景下广西高校创新创业人才培养研究［J］．教育观察，2017，6（9）：77–79.

色的优质实践平台，让创新创业人才培养为广西区域经济服务。地方高校必须顺应时代和区域经济社会发展的需要，培养学生的创新创业能力、职业能力和适应能力，提高其职业竞争力。

六、加强“双师型”师资队伍建设

高校的生存和发展，关键在于人才的培养质量，而人才培养质量的关键在于师资队伍的质量。师资力量薄弱也是制约高校创新创业教育发展的原因之一。大部分高校创新创业教育课程并没有配备相关专业人才，只是安排一些非专业老师或者行政人员兼职。该现象的产生，一方面是因为目前广西专门从事创新创业教育的专职教师极度缺乏，在校的项目指导老师大多只是通过短期培训后上岗就职；另一方面是专职行政人员数量有限，管理水平不一，无明确目标，而各高校也是摸着石头过河，无法形成系统、长远的规划。

2013 年教育部印发的《关于开展普通高等学校本科教学工作审核评估的通知》，对于应用型本科院校“双师型”教师占专任教师的比例并没有一个明确的要求，强调要有一定数量的具备专业（行业）职业资格和任职经历的教师。2019 年，国务院印发《国家职业教育改革实施方案》，强调“双师型”教师要达到专业课教师总数的 50% 以上，实践教学课时要达到总课时五成以上。应用型本科院校相关专业教师原则上从具有 3 年以上企业工作经历并具有高职以上学历的人员中公开招聘，每年至少 1 个月在企业或实训基地实训。此方案对本科院校师资队伍中具备专业（行业）从业资格和任职经历的教师进行了进一步界定，并作为政策为应用型本科院校提供了认定标准与认定依据。

目前，广西 19 所试点应用型本科院校“双师型”建设情况如何？从

相关高校官方网站披露的信息看，如百色学院，专任教师1219人，其中“双师型”教师353人，“双师型”教师占专任教师的28.96%；南宁学院，专任教师516人，其中“双师型”教师175人，“双师型”教师占专任教师的33.91%。这两所学校的“双师型”教师占比在广西应用型本科院校来说相对比较高。据不完全统计，广西应用型本科院校“双师型”教师占比为20%左右，与西方一些发达国家占比为50%以上以及国内一些发达省份“双师型”教师占比为40%以上还有一定差距①。

“双师型”教师的培养主要通过现有在职教师定期到企业实践锻炼、国内外进修学习、承担科技项目、参加职业技能培训等方式，提高实践能力和创新创业实践活动。“双师型”师资队伍可以采用“请进来、送出去”的方式进行建设。创新创业教育实践教学师资队伍建设的目标：形成一支学历层次高、职称结构和学缘结构合理、老中青结合、“双师”结构优、专兼结合的专业教学团队。

广西各高校在大力引进符合院校发展要求的高水平教师的同时，推出各种措施，如采用访问学者、访问技师、访问工程师、访问经理等形式，或到政府部门挂职锻炼，让教师脱产、半脱产或在岗到校外一些实际工作岗位上锻炼。主要措施包括：通过科研、技术服务、技术开发、产学研结合等方式组织教师参与工程实践和科技开发活动；每年安排一定量的专任教师（重点是中青年教师）通过挂职、合作研发、中短期专业培训等多种形式，深入到与专业对应的行业企业一线，系统掌握业务技术流程，强化操作技能；不断建立和完善兼职教师人才库，聘用能独立承担某一专业课

① 向媛秀．高校转型背景下广西应用型本科院校实践教学探讨［J］．广西教育，2020（19）：111–113.

程的理论教学、实践教学任务的一线专家和高级技术人员担任兼职教师。

建设创新型国家，必须要提高人才培养质量，加强创新创业教育师资队伍专业化建设，加大教师创新创业理论知识和实践技能的培训，提高创新创业指导教师的理论和实践能力，鼓励教师参与创业实践，获取创业经验；广开渠道，积极引进人才，聘请成功的企业家、咨询师、创业投资家等进校授课，与高校教师合作讲授创业课程。培育创业骨干教师，指导创新创业教育教学改革工作，不断提高创新创业教育师资水平和质量，为创新型国家的建设培养高素质、高质量的创新型人才。

参考文献

一、著作类

[1] 靳希斌 . 教育经济学 [M]. 北京 : 人民教育出版社 ,2001.

[2] 刘宝存 . 创新型国家建设与中国高等教育改革 [M]. 北京 : 高等教育出版社 ,2009.

[3] 周延波 , 王正洪 . 高校创新教育 [M]. 北京 : 科学出版社 ,2011.

[4] 冯丽霞 , 王若洪 . 创新与创业能力培养 [M]. 北京 : 清华大学出版社 ,2013.

[5] 吴勇 . 大学生创业教育 [M]. 北京 : 北京师范大学出版社 ,2014.

[6] 科林・琼斯 . 本科生创业教育 [M]. 北京 : 商务印书馆 ,2016.

[7] 徐小洲 , 叶映华 . 中国高校创业教育 [M]. 杭州 : 浙江教育出版社 ,2010.

[8] 藏玲玲 . 国际视野下的高校创业教育课程研究 [M]. 北京 : 中国社会科学出版社 ,2016.

[9] 许明 . 当代国外大学本科教学模式的改革与创新 [M]. 福州 : 福建教

育出版社 ,2013.

[10] 李志永 . 日本高校创业教育 [M]. 杭州 : 浙江教育出版社 ,2010.

[11] 胡瑞 . 新工党执政时期英国高校创业教育研究 [M]. 北京 : 高等教育出版社 ,2013.

[12] 马永霞 . 冲突与整合 : 高等教育供求主体利益分析 [M]. 北京 : 高等教育出版社 ,2006.

[13] 亚瑟・科恩 . 美国高等教育通识 [M]. 北京 : 北京大学出版社 ,2010.

[14] 黄海涛 . 学生学习成果评估 : 美国高等教育质量保障研究 [M]. 北京 : 教育科学出版社 ,2014.

[15] 胡子祥 . 高等教育服务质量的实证研究 : 基于学生感知的视角 [M]. 成都 : 西南交通大学出版社 ,2009.

[16] 王晓进 . 大学生创新理论与实践 [M]. 北京 : 科学出版社 ,2014.

[17] 商应美 . 高校创业实践教育体系建设研究 [M]. 北京 : 人民出版社 ,2016.

[18] 许绪卿 . 教学服务型大学 : 理论研究与制度框架 [M]. 北京 : 中国社会科学出版社 ,2014.

[19] 张秋山 . 学习成就与职业获得 [M]. 北京 : 人民出版社 ,2015.

[20] 陈光耀 , 苗茂 . 大学生职业发展与就业创业指导 [M]. 北京 : 北京师范大学出版社 ,2016.

[21] 杜伟 , 任立刚 , 赵德平 . 高等师范院校教学改革与实践 [M]. 北京 : 科学出版社 ,2014.

[22] 吴长庚 , 范安平 . 高师学生创新教育能力培养 [M]. 上海 : 华东师范大学出版社 ,2007.

[23] 田虎伟 , 宋书中 , 等 . 高校学情调查、创业能力培育及学院发展战略的理论与实践 [M]. 北京 : 中国社会科学出版社 ,2016.

[24] 洪柳 . 创新创业教育视域下高校公共事业管理专业实践教学体系改革研究与探索 [M]. 长春 : 吉林大学出版社 ,2018.

[25] 孟详霞 , 王金圣 , 李刚 . 基于创业导向的经管类专业新型实验教学模式理论与实践 [M]. 杭州 : 浙江大学出版社 ,2010.

[26] 王莹 , 于真真 , 张杰 . 山东省大学生创业及其保障机制研究 [M]. 北京 : 中国言实出版 ,2016.

[27] 麦可斯研究院 .2016 年中国本科生就业报告 [M]. 北京 : 社会科学文献出版社 ,2016.

[28] 邓汉慧 . 大学生创业轨迹与创业成长调查研究 [M]. 武汉 : 湖北人民出版社 ,2014.

[29] 吴克明 . 中国大学生就业问题研究 [M]. 济南 : 山东人民出版社 ,2015.

[30] 黄敬宝 . 北京高校大学生就业与创业调查 . 北京 : 知识产权出版社 ,2015.

[31] 黄敬宝 . 人力资本和社会资本视角下的大学生就业研究 [M]. 北京 : 中国社会科学出版社 ,2014.

[32] 钟汝能 . 云南边疆地区高校大学生就业问题研究 [M]. 北京 : 科学出版社 ,2015.

[33] 李全胜 . 新疆区域经济发展与大学生就业研究 [M]. 北京 : 中国经济出版社 ,2011.

[34] 罗秀 . 产业结构调整中的大学生就业问题研究 [M]. 北京 : 现代教育出版社 ,2009.

[35] 张留禄 . 七百万人的工作在哪里 : 公共管理视角下的大学生就业促进问题研究 [M]. 北京 : 北京大学出版社 ,2016.

[36] 赖德胜 . 教育与劳动力市场 [M]. 北京 : 经济科学出版社 ,2016.

[37] 徐林清 . 中国劳动力市场分割问题研究 [M]. 北京 : 经济科学出版社 ,2006.

[38] 田晓青 . 教育与劳动力市场分割 [M]. 北京 : 经济科学出版社 ,2018.

[39] 肖鹏燕 . 中国高校人才培养与劳动力市场需求的非均衡研究 [M]. 北京 : 首都经济贸易大学出版社 ,2014.

[40] 梅友松 . 地方高校人才培养机制改革与实践 [M]. 北京 : 科学技术文献出版社 ,2016.

[41] 张忠家 , 黄义武 . 产学研合作提升人才培养质量研究 [M]. 北京 : 教育科学出版社 ,2014.

[42] 王旭东 , 许春燕 . 本科应用型人才培养模式研究 : 理论与实践 [M]. 北京 : 科学出版社 ,2014.

[43] 郭丽君 , 李尚群 , 刘辉 . 地方高校产学研合作研究 [M]. 北京 : 中国社会科学出版社 ,2016.

[44] 余长春 , 王润斌 . 大学生就业能力与社会需求的匹配 [M]. 北京 : 社会科学文献出版社 ,2014.

[45] 李国艳 , 田鸣 . 系统化实践教学体系 : 基于就业导向视角的研究 [M]. 北京 : 经济管理出版社 ,2012.

[46] 赵勇 . 中国高等教育需求的人口社会学考察 [M]. 北京 : 中国社会科学出版社 ,2016.

[47] 杨天平 , 王宪平 .OECD 展望 : 高等教育至 2030[M]. 重庆 : 重庆大学出版社 ,2011.

[48] 刘文 . 高等教育投资与毕业生供求研究 : 基于人力资本的视角 [M]. 北京 : 中国经济出版社 2006.

二、期刊类

[49] 胡乃武，姜玲．对当前我国大学生就业缺口的经济学分析[J]. 山西财经大学学报,2005(2):1-4.

[50] 丁楠，杨院．人工智能时代高等教育与产业、劳动力市场的有效互动研究[J]. 教育评论,2020(6):75-79.

[51] 张学敏，柴晓旭．我国高校毕业生就业率与高校教育质量评价研究[J]. 东北师大学报(哲学社会科学版),2019(3):131-141.

[52] 王英杰．中国的高等教育与劳动力市场探究[J]. 中国管理信息化,2019,22(3):184-186.

[53] 宋齐明．劳动力市场需要什么样的本科毕业生：基于近1.4万条招聘信息的量化分析[J]. 中国高教研究,2018(3):56-60.

[54] 宋齐明．本科毕业生就业能力供需失衡问题及对策：基于供给侧改革的视角[J]. 现代教育管理,2018(4):106-111.

[55] 王浩，侯登凯，罗胤，等．基于就业市场需求的学生就业精准对接探索研究[J]. 智库时代,2017(11):219-220.

[56] 宾恩林，徐国庆．现代学徒制：劳动力市场供给与需求的匹配之道[J]. 当代职业教育,2017(2):4-8.

[57] 付嫦娥，李娜．劳动力市场需求非均衡理论下高校就业策略[J]. 长沙理工大学学报(社会科学版),2016,31(6):90-93,103.

[58] 肖聪．劳动力市场分割与大学生创业中的"双低"现象[J]. 教育科学,2016,32(2):20-26.

[59] 郭敏．劳动力市场分割与大学生就业综述与展望[J]. 哈尔滨学院学报,2016,37(3):30-33.

[60] 刘文杰 . 破解我国技能短缺问题 : 从劳动力市场供给与需求的角度分析 [J]. 职教论坛 ,2015(16):10-14.

[61] 刘文晓 . 高等教育需求影响因素的国内外比较研究 : 兼论劳动力市场的信号功能“悖论”[J]. 煤炭高等教育 ,2015,33(2):15-20.

[62] 解海美 . 我国高等教育与劳动力市场均衡研究述评 [J]. 安徽文学 ,2014(20):138-139,147.

[63] 刘升忠 . 高校毕业生就业促进的策略探析 : 基于企业劳动力需求特征的视角 [J]. 中国大学生就业 ,2014(20):18-22.

[64] 张晓娟 . 基于劳动力市场需求的高校经济管理类本科毕业生就业能力的研究 [J]. 教育教学论坛 ,2014(1):219-220.

[65] 王雁琳 . 从供给驱动到需求驱动 : 职业教育和培训的制度变迁 [J]. 教育与经济 ,2013(4):42-46.

[66] 刘艳辉 . 浅析劳动力市场供求的结构性矛盾 [J]. 人力资源管理 ,2013(10):250-251.

[67] 张雄 , 田大洲 , 田忠 , 等 . 我国劳动力市场需求特征分析 [J]. 云南财经大学学报 ,2013,29(5):91-98.

[68] 马靖香 , 李剑 . 高校“职业培训”与劳动力市场衔接调查分析 [J]. 现代经济信息 ,2013(11):357-358.

[69] 马廷奇 . 人才培养模式、劳动力市场与大学生就业 [J]. 高等教育研究 ,2013,34(3):34-39.

[70] 田大洲 , 田娜 . 我国劳动力市场需求特征分析 [J]. 全球科技经济瞭望 ,2013,28(3):46-52.

[71] 谢维和 . 对口与适应 : 高校人才培养与劳动力市场关系的两种模式 [J]. 北京大学教育评论 ,2004(4):9-11.

[72] 刘华凤，何显辉．高校人才培养与劳动力市场需求对接问题研究[J]．学理论，2012(17):219-220.

[73] 汪文超．美国：尽管大学毕业生增多，但仍不能满足劳动力市场需求[J]．比较教育研究，2012,34(6):94.

[74] 史秋衡，文静．中国大学生的就业能力：基于学情调查的自我评价分析[J]．北京大学教育评论，2012, 10(1):48-60.

[75] 柏檀．让高等教育质量迈向新高度：加拿大安大略省《高等教育质量回顾与研究报告》解读[J]．江苏高教，2011(5):153-155.

[76] 聂颖．劳动力市场分割中的大学生就业问题[J]．现代教育管理，2010(1):119-121.

[77] 张苏，李东，曾庆宝．大学教育与劳动力市场需求匹配关系研究[J]．管理世界，2010(10):180-181.

[78] 胡国华，阚国常．高等教育与劳动力市场互动系统的研究[J]．科技与管理，2008(5):32-35,39.

[79] 程晋宽．美国劳动力市场对高校毕业生的长期需求分析[J]．比较教育研究，2010,32(9):66-71.

[80] 杨伟国．高校毕业生就业中的市场需求因素[J]．中国大学生就业，2010(S1):18-21.

[81] 李保婵．北部湾经济区评估行业人才需求研究[J]．会计之友，2010(24):35-37.

[82] 廖少宏．中国劳动力市场供求关系变化的特点及影响[J]．当代经济，2009(6):10-11.

[83] 刘刚．本科应用型人才的定位与培养策略[J]．职业技术教育，2009(4):19-22.

[84] 郑雨兰 . 浅析新形势下毕业生就业难的影响因素及对策 [J]. 长春理工大学学报 (高教版),2009, 4(8):169-170.

[85] 李海峰 , 孙萌 . 吉林省各行业劳动力市场需求量分析及总体需求层次分析 [J]. 知识经济 ,2009(1):34-35,24.

[86] 丁小浩 . 中国专科与本科毕业生在劳动力市场上的相对位置和比较优势分析 [J]. 北京大学教育评论论坛 ,2004(2):43-49.

[87] 赵豫生 . 次级劳动力市场视阈下的中国就业问题研究 [J]. 经济研究导刊 ,2009(34):127-129.

[88] 王冬梅 , 蔡文伯 . 新疆普通高校大学生就业的市场需求结构分析 [J]. 经济研究导刊 ,2008(17):219-221.

[89] 管弦 . 美国高等教育科类结构主动适应劳动力市场及其借鉴 [J]. 纺织教育 ,2008(5):63-66.

[90] 梁聪 . 中国劳动力市场的非均衡现象 [J]. 河北理工大学学报 (社会科学版),2007(S1):9-10,13.

[91] 贺兴利 . 高等教育与大学生就业关系不确定因素探析 [J]. 山东青年政治学院学报 ,2007(2):80-84.

[92] 邹国防 . 对高等教育需求背离市场价格规律现象的分析 : 基于人力资本理论的视角 [J]. 开放导报 ,2007(2):99-102.

[93] 曾广录 . 高校毕业生就业市场中的“歧视效应”分析 [J] 湖南人文科技学院学报 ,2006(2):52-55.

[94] 刘帆 . 分割劳动力市场与高校毕业生失业 [J]. 青年研究 ,2006(2):1-7.

[95] 郭海 . 劳动力市场特征和高等教育的多样化 [J]. 高等教育研究 ,2005(4):31-36.

[96] 李锋亮 . 中国的高等教育规模扩展与劳动力市场 [J]. 复旦教育论

坛 ,2005(4):20-25.

[97] 张劲英 . 中国高等教育供需矛盾与化解对策 [J]. 西南交通大学学报 (社会科学版),2005(3):42-45.

[98] 李海芬 . 提升本科生就业能力与本科教育改革 [J]. 高教探索 ,2004(4):92-94.

[99] 吴济慧 , 黄育云 , 赵鹏程 . 劳动力市场对个人教育需求的影响及对策 : 从教育的私人收益率角度分析 [J]. 大学教育科学 ,2004(2):14-16.

[100] 岳昌君 . 高等教育人口比重的国际比较 [J]. 比较教育研究 ,2004(2):11-15.

[101] 岳昌君 . 中国高等教育与劳动力市场研究综述 [C]// 中国教育学会教育经济学分会 .2004 年中国教育经济学学术年会论文 : 北京大学论文集 . 北京 : 北京大学教育经济研究所 ,2004: 24-33.

[102] 蔡昉 . 建立需求导向型的教育体制 [J]. 西部大开发 ,2003(9):8-10.

[103] 叶忠 , 范先佐 . 教育与个人就业关系走向不确定的内在根源 [J]. 高等教育研究 ,2003(1):53-58.

[104] 岳昌君 , 丁小浩 . 受高等就业者就业的经济学分析 [J]. 高等教育研究 ,2003(6):21-27.

[105] 吕东伟 . 从深层次新视角思考大学生就业问题 : 与亚洲开发银行驻华首席经济学家汤敏博士对话之二 [J]. 中国高等教育 ,2003(Z1):10-13.

[106] 陆建新 , 管怀鎏 . 市场均衡就业区间与劳动市场运行特点的深层透视 [J]. 财贸研究 ,2002(4):23-28.

[107] 卢晓东 , 陈孝戴 . 高等学校"专业"内涵研究 [J]. 教育研究 ,2002(7):47-52.

[108] 张棣 . 高等教育专业结构调整与经济发展的相关分析 [J]. 理论月

刊 ,2002(5):30-31.

[109] 赖德胜 . 劳动力市场分割与大学毕业生失业 [J]. 北京师范大学学报 (社会科学版),2001(4):69-76.

[110] 张道珍 , 王琰 . 地方高职院校专业设置与劳动力市场契合度分析 : 以湖北工业职业技术学院为例 [J]. 湖北工业职业技术学院学报 ,2019,32(5):14-17.

[111] 王雅静 . 中国技能劳动力培养及其职业学校重建 : 社会学的理论框架和方法 [J]. 教育学术月刊 ,2018(4):52-61.

[112] 曾剑雄 , 刘晏如 , 杨怡菲 . 基于劳动力市场需求的山西高等职业教育发展探索 [J]. 南方职业教育学刊 ,2017,7(5):26-32.

[113] 颜忠益 . 试析高职教育发展与劳动力就业市场的关系 [J]. 现代职业教育 ,2016(7): 130-131.

[114] 黄彬云 , 赖勤 , 拉乌 · 拉莫斯 . 职业教育与技能需求的匹配机制 : 以江西省为例 [J]. 职业技术教育 ,2016,37(31): 33-38.

[115] 刘育锋 . 职业教育适应劳动力市场需求制度的国际比较 [J]. 中国职业技术教育 ,2015(36):51-55.

[116] 包奕峰 , 黄柏江 . 职业教育与劳动力市场衔接的域外经验及借鉴 [J]. 中国成人教育 ,2015(22):136-138.

[117] 张原 . 中国职业教育与劳动力需求的匹配性研究 [J]. 教育与经济 ,2015(3):9-14.

[118] 陶红 , 王玉婷 . 广州市职业教育专业设置与劳动力市场适应性研究 [J]. 职教论坛 ,2015(15):8-12.

[119] 朱新生 . 职业教育发展与劳动力市场的契合度分析 : 基于江苏省苏南地区的调查 [J]. 教育发展研究 ,2010,30(19):22-26.

[120] 刘育锋 . 英国职业教育与劳动力市场需求匹配的新机制 [J]. 中国职业技术教育 ,2010(24):13-16.

[121] 李淑云 . 关于职业教育对接劳动力市场需求的调查报告 [J]. 职教论坛 ,2010(15):80-85.

[122] 杨海华 . 苏州市职业教育与劳动力市场协调发展的研究 [J]. 职教通讯 : 江苏技术师范学院学报 ,2009,24(10):69-71.

[123] 王全旺 , 周志刚 . 我国职业教育 30 年历史回顾与发展策略研究 : 劳动力市场视角 [J]. 职业技术教育 ,2009,30(16):20-24.

[124] 马永斌 , 柏喆 . 大学创新创业教育的实践模式研究与探索 [J]. 清华大学教育研究 ,2015(6):99-103.

[125] 胡春平 , 刘美平 , 葛宝山 . 现阶段我国高校研究生创新创业教育 : 问题及对策 : 以吉林大学为例 [J]. 黑龙江高教研究 ,2016(2):77-80.

[126] 白龙君 . 论新常态下高校创新创业教育问题 [J]. 继续教育研究 ,2016(8):13-15.

[127] 陈希 . 将创新创业教育贯穿于高校人才培养全过程 [J]. 中国高等教育 ,2010(12):4-6.

[128] 刘伟 . 高校创新创业教育人才培养体系构建的思考 [J]. 教育科学 ,2011,27(5):64-67.

[129] 王占仁 . "广谱式" 创新创业教育的体系架构与理论价值 [J]. 教育研究 ,2015,36(5):56-63.

[130] 李世佼 . 大学生创新创业教育体系的构建 [J]. 黑龙江高教研究 ,2011(9):119-121.

[131] 胡桃 , 沈莉 . 国外创新创业教育模式对我国高校的启示 [J]. 中国大学教学 ,2013(2):91-94.

[132] 郝杰，吴爱华，侯永峰．美国创新创业教育体系的建设与启示 [J]. 高等工程教育研究，2016(2):7-12.

[133] 胡燕生．大学生创新创业教育模式探析 [J]. 中国高校科技，2017(1):128-130.

[134] 董世洪，龚山平．社会参与：构建开放性的大学创新创业教育模式 [J]. 中国高教研究，2010(2):64-65.

[135] 刘彦军．高等教育综合改革背景下的创新创业教育模式探索 [J]. 中国高校科技，2015(9):82-85.

[136] 张育广，刁衍斌．高校体验式创新创业教育模式的探索 [J]. 中国高等教育，2017(6):61-63.

[137] 黄林楠，丁莉．构建大学生创新创业教育模式的探索 [J]. 高等工程教育研究，2010(6):158-160.

[138] 洪柳．创新创业教育改革背景下广西高校公共事业管理专业人才培养现状研究 [J]. 世界教育信息，2018,31(6):29-35.

[139] 洪柳．创新创业视域下高校实践教学体系改革研究：以公共事业管理专业为例 [J]. 继续教育，2018,32(5):67-70.

[140] 洪柳．我国高等院校扩招的现状、问题及思考 [J]. 江西教育学院学报，2012,33(4):50-52.

[141] 洪柳．从教育经济学的视角探析高文凭现象 [J]. 成人教育，2012,32(12):90-91.

[142] 洪柳．基于核心期刊和 CSSCI 数据库文献计量的创新创业教育研究综述 [J]. 民族教育研究，2018,29(4):129-134.

[143] 洪柳．我国高校创新创业教育短板分析及应对策略 [J]. 继续教育研究，2018(4):35-41.

[144] 郭伟刚 , 陈加明 , 周水琴 , 等 . 高职院校学生创新创业教育实践 [J]. 中国职业技术教育 ,2012(8):85-88,92.

[145] 李浩然 . 探索大学生创新创业教育新路径 : 以燕山大学大学生创新创业教育实践为例 [J]. 人民论坛 ,2013(29):240-241.

[146] 黄兴海 . 高校创新创业教育实践教学机制探析 [J]. 黑龙江高教研究 ,2015(11):122-124.

[147] 林美貌 . 台湾地区高校创新创业教育实践经验及其启示 [J]. 福建论坛 (人文社会科学版),2015(10):155-161.

[148] 王乃国 , 沈红雷 .IPQ 育人模式下的创新创业教育实践 : 以苏州工业园区工业技术学校为例 [J]. 中国职业技术教育 ,2016(35):63-65.

[149] 冀宏 , 费志勇 , 张根华 , 等 . 地方应用型高校创新创业教育实践与思考 [J]. 实验室研究与探索 ,2016,35(8):185-189.

[150] 张兄武 , 徐银香 . 探索分层递进式创业教育体系 [J]. 中国高等教育 ,2016(19):54-56.

[151] 刘广 , 阮锦强 , 马小惠 . 依托众创空间开展大学生创新创业教育实践探讨 [J]. 实验技术与管理 ,2016,33(12):29-32,35.

[152] 丁娟慧 . 战略管理视角下高职院校创新创业教育实践体系的构建 [J]. 职业技术教育 ,2017(2):52-54.

[153] 孙桂生 , 刘立国 . 创新创业型人才培养的探索与实践 : 以北京联合大学商务学院为例 [J]. 中国高校科技 ,2016(12):79-81.

[154] 蒋少容 . 创客文化视域下高校创新创业教育路径探究 [J]. 教育探索 ,2016(9):79-81.

[155] 黄娟 .“互联网 +”视阈下大学生创新创业教育路径探析 [J]. 学校党建与思想教育 ,2017(12):81-82.

[156] 肖贵平 . 大学生创新创业教育路径探析 : 以福建农林大学为例 [J]. 中国高校科技 ,2017(7):84-87.

[157] 刘凤娟 . 开放教育背景下的大学生创新创业教育路径选择 [J]. 继续教育研究 ,2017(11):19-21.

[158] 张芳芳 , 贺志波 . 高校大学生创新创业教育路径探析 [J]. 思想教育研究 ,2017(7):118-120.

[159] 刘毅 . “互联网 +”时代本科生创新创业教育路径研究 [J]. 学校党建与思想教育 ,2017(22):85-86.

[160] 李勉媛 . 高校创新创业教育联盟发展及构筑策略 [J]. 教育评论 ,2017(7):74-77.

[161] 叶柏森 . 大学生创业教育的国际镜鉴及启示 [J]. 江苏高教 ,2016(3):108-110.

[162] 谢秀兰 . 国外高校创新创业教育的特点与启示 [J]. 创新与创业教育 ,2017(1):115-118.

[163] 熊飞 , 邱菀华 . 中美两国创业教育比较研究 [J]. 北京航空航天大学学报 (社会科学版),2005(4):73-77.

[164] 广西壮族自治区就业局 .2016 年上半年广西就业形势分析 [J]. 人事天地 ,2016(9):33-37.

[165] 曾小强 , 覃开朗 , 王雅丹 , 等 . 广西经济增长与就业增长关系研究 : 基于劳动力市场分割的调节作用 [J]. 现代商贸工业 ,2015,36(1):32-35.

[166] 刘俊杰 , 钟一鸣 . 区域工业增长与要素结构变动 : 基于广西的实证研究 [J]. 广西师范大学学报 (哲学社会科学版),2014,50(2):9-19.

[167] 刘倩倩 . 培养适应广西市场需求的营销人才 [J]. 企业科技与发展 ,2010(14):260-261,267.

[168] 蒋飞燕,陈建红.广西产教融合供给侧改革探索[J].轻工科技,2020,36(6):137-138.

[169] 马念谊.211高校与普通本科院校税收专业人才培养方案比较研究:以四川、广东和广西三所高校为例[J].文化创新比较研究,2020,4(8):108-109.

[170] 韦联桂.地方性高校"双创"型人才培养供给侧改革与创新研究:以广西驻邕经管类院校为例[J].山东农业工程学院学报,2019,36(10):105-106.

[171] 黄德.广西高校服务地方经济发展典型相关分析[J].中国市场,2018(28):22-24.

[172] 贺旋.中国—东盟区域经济背景下广西高校创新创业人才培养研究[J].教育观察,2017,6(9):77-79.

[173] 欧胜彬,梁锋,苏雪晨.地方高校创新创业教育探索与实践:以广西财经学院为例[J].大众科技,2016,18(10):66-68.

[174] 张勉,靳闯.地方高校转型为应用型大学的困境与出路:以广西19所高校为例[J].重庆第二师范学院学报,2016,29(1):105-108.

[175] 梁军,牛佳伟.广西高校应用型人才培养创新研究[J].读书文摘,2014(24):49.

[176] 韦雨欣.论广西高校服务中国东盟自贸区人才培养机制创新[J].才智,2014(16):255-256.

[177] 蒋冬清,刘雅婷.区域经济发展背景下广西高校人才培养模式探究[J].继续教育研究,2014(1):45-46.

[178] 田辉鹏,张合振,吴丽玲.泛北部湾经济开发背景下的广西地方高校人才培养策略[J].东南亚纵横,2013(6):63-66.

[179] 梁堃 . 区域经济发展视角下广西高校“三创”人才培养模式的构建 [J]. 广西教育 ,2013(7):8-9.

[180] 孟旭琼 . 大学生学术科技创新活动的现状、存在的问题及影响因素研究 : 以广西某高校为例 [J]. 景德镇高专学报 ,2013,28(4):69-71.

[181] 杨世信 , 关涛 . 职业化视角下的高校创新人才培养模式探索 : 以广西财经学院市场营销专业为例 [J]. 湖北经济学院学报 (人文社会科学版),2012,9(9):161-163.

[182] 尧丹俐 , 吕华鲜 . 泛北部湾区域经济视野下广西高校经管类专业应用型人才培养研究 [J]. 高教论坛 ,2012(8):72-75.

[183] 麦茂生 . 地方高校为区域经济服务的策略 : 以广西北部湾经济区人才培养为例 [J]. 教育探索 ,2012(3):22-23.

[184] 麦茂生 . 试析人才培养与经济区发展双赢策略 [J]. 中国高校科技 ,2012(1):72-74.

[185] 朱红晖 . 适应广西北部湾经济区发展下的广西高校人才培养模式研究 [J]. 中国成人教育 ,2011(18):68-70.

[186] 刘可慧 , 于方明 , 李天煜 , 等 . 从社会需求看广西高校海洋类人才培养 [J]. 中国科教创新导刊 ,2011(19):236-237.

[187] 田辉鹏 , 王立民 , 蒋海娟 . 泛北部湾经济开发背景下的广西高校人才培养模式改革的思考 [J]. 东南亚纵横 ,2011(6):71-74.

[188] 邓宝瑚 . 广西高校人才培养简析 [J]. 山西师大学报 (社会科学版),2010,37(S3):18-20.

[189] 陆汉军 . 教育服务广西新发展背景下高校人才培养模式创新探究 [J]. 教育教学论坛 ,2010(23):234-235.

[190] 刘倩倩 . 培养适应广西市场需求的营销人才 [J]. 企业科技与发

展,2010(14):260-261,267.

[191] 廖文龙.广西区域环境变迁与高校人才培养目标的变革[J].中国商界(下半月),2009(9):348,350.

[192] 韩仁美.广西高校人才培养模式改革的战略思考:基于北部湾经济区发展的新形势[J].传承,2008(24):132-133.

[193] 刘馨元.广西与东盟国家高校合作办学的现状及发展策略[J].产业创新研究,2020(18):186-187.

[194] 曾扬阳,李冬冬,彭洁."一带一路"背景下广西高校教育国际化发展路径探讨[J].广西教育,2020(23):107-108.

[195] 黄雅麒,刘湘,王婉蓉,等.广西高校众创空间发展现状与问题研究[J].价值工程,2020, 39(3):280-282.

[196] 胡冠华.基于地区经济发展对高校毕业生就业区域流向的分析:以广西为例[J].贺州学院学报,2019, 35(2):123-126.

[197] 徐清洁.广西高校高层次创新型科技人才服务地方发展调查分析[J].文化创新比较研究,2019, 3(8):80-81.

[198] 李恺兰.广西高校发展战略规划能力现状及应对策略研究[J].教书育人(高教论坛),2019(6):4-5.

[199] 唐菊花,张志平,李晓东.大学生创新创业型社团可持续发展的思考:以广西高校为例[J].青春岁月,2019(3):86-87.

[200] 肖临,夏飞.广西与湖南普通高校教育发展比较分析[J].统计与管理,2019(1):79-82.

[201] 尹闯,刘卫玲,尹凤娇,等.广西高校本科中外合作办学现状及发展对策[J].钦州学院学报,2018,33(12):44-49.

[202] 张泽丰.广西地方高校创客教育发展路径探析[J].新课程研究(中旬

刊),2018(11):9-10.

[203] 黄玉强 . 广西民办高等教育发展现状、挑战与机遇以及策略思考 [J]. 大学教育 ,2018(6):25-27.

[204] 王飞龙 . 创新驱动发展战略下综合构建高校辅导员创新创业教育能力提升体系研究 : 以广西科技大学为例 [J]. 创新创业理论研究与实践 ,2018, 1(10):1-3.

[205] 梁炳辉 , 廖克敏 . “一带一路” 和 “创新驱动发展战略” 背景下广西高校科研人才队伍建设创新性研究 [J]. 美与时代 (城市版),2018(2):116-117.

[206] 姚靖 . 创新驱动发展战略下广西地方高校的发展路径研究 [J]. 经济与社会发展 ,2016,14(6):89-92.

[207] 梅洁 . 广西高校特色化发展战略路径探索 [J]. 广西教育 ,2015(19): 24-26.

[208] 陈玲萍 . 北部湾经济发展下广西高校毕业生就业发展战略探究 [J]. 广西教育 ,2015(3):4-5.

[209] 黄勇荣 , 丁丽丽 , 何亨瑜 . 中国—东盟合作背景下广西高校发展战略研究 [J]. 广西社会科学 ,2013(10):43-46.

[210] 韦帮得 , 李杨 . 广西高校特色发展战略路径 [J]. 四川职业技术学院学报 ,2013,23(4):93-95.

[211] 陈锋 . 广西环北部湾高校渴求包容性增长 [J]. 长春理工大学学报 ,2012,7(3):3-5.

[212] 饶为国 , 庞迎波 . 广西地方高校工科本科教育发展战略研究 [J]. 南宁职业技术学院学报 ,2012,17(1):47-50.

[213] 郑学勤 . 提升办学层次 : 加快广西民办高等教育发展的重要策略 [J].

经济与社会发展,2011,9(5):118-121.

[214] 黄靖生.拓宽潜在生产力向现实生产力转化的平台:广西北部湾经济发展战略与广西高校产学研结合[J].广西师范大学学报(哲学社会科学版),2010,46(1):89-92.

[215] 蔡妮.广西高校在北部湾经济区发展中的现状及对策[J].钦州学院学报,2009,24(2):56-59.

附　录

高校创新创业教育人才培养现况与劳动力市场需求关系的调查问卷

亲爱的同学：

您好，我们是"'双创'背景下广西高校人才质量与劳动力市场需求关系的实证研究"课题组的成员，为了更好地开展课题研究，我们设计了高校创新创业教育人才培养现况与劳动力市场需求关系的调查问卷，本课题的研究需要您的参与和帮助。本问卷采用匿名方式作答，所有信息和数据仅供研究使用，请您放心填写您的真实想法和宝贵意见。在此，我们对您的配合与帮助表示诚挚的感谢！

"'双创'背景下广西高校人才质量与劳动力市场需求关系的实证研究"课题组

一、基本信息

1. 您的性别是（　　）

A. 男　　B. 女

2. 您的学校类型是（　　）

A.“211”高校　　B. 普通本科院校　　C. 高职院校

3. 您所在的年级是（　　）

A. 大一　　B. 大二　　C. 大三　　D. 大四

4. 您的专业是（　　）

A. 人文社科　　B. 理工农医　　C. 其他

5. 您的家庭所在地是（　　）

A. 城市　　B. 县镇　　C. 农村

6. 您每月的生活费支出是（　　）

A.600 元以下　　B.600 ~ 1000 元

C.1001 ~ 2000 元　　D.2000 元以上

7. 您父亲的文化程度是（　　）

A. 小学　　B. 初中

C. 高中（包括中专）　　D. 大学（包括大专）

E. 硕士及以上

8. 您母亲的文化程度是（　　）

A. 小学　　B. 初中

C. 高中（包括中专）　　D. 大学（包括大专）

E. 硕士及以上

9. 您父亲的职业是（　　）

A. 农民、渔夫、牧民等　　　　　　　　B. 经商个体户

C. 会计师、教师、医护人员、律师、工程师、科研人员、法官等

D. 餐饮服务员、售货员、工厂工人、建筑工人、城市环卫工人、公司职员、司机、导游等

E. 公务员、事业单位工作人员　　　　　F. 待业　　　　G. 其他

10. 您母亲的职业是（　　）

A. 农民、渔夫、牧民等　　　　　　　　B. 经商个体户

C. 会计师、教师、医护人员、律师、工程师、科研人员、法官等

D. 餐饮服务员、售货员、工厂工人、建筑工人、城市环卫工人、公司职员、司机、导游等

E. 公务员、事业单位工作人员　　　　　F. 待业　　　　G. 其他

11. 您在校获得奖学金的情况是（　　）

A. 获得国家级奖学金　　　　　　　　　B. 获得一等奖学金

C. 获得二等奖学金　　　　　　　　　　D. 获得三等奖学金

E. 其他

12. 您的英语水平或等级是（　　）

A. 大学英语四级　　　　　　　　　　　B. 大学英语六级

C. 专业英语四级　　　　　　　　　　　D. 专业英语八级

E. 其他

13. 您在大学期间参与过科研课题或项目训练吗？（　　）

A. 有　　　　　　　　　　　　　　　　B. 没有

二、创新创业教育人才培养

14. 您对创新创业是否感兴趣？（　　）

A. 特别感兴趣　　B. 比较感兴趣

C. 一般　　D. 不太感兴趣

E. 没兴趣

15. 您对创新创业的了解程度是（　　）

A. 很了解　　B. 有一定的了解

C. 听说过，但不清楚　　D. 不了解

16. 您对创新创业的理解是（不定项题）（　　）

A. 开办一个新的企业　　B. 开创一份新的事业

C. 开发一项创新项目　　D. 是一份能赚钱的工作

17. 您认为大学生创业的主要目的是（多选题）（　　）

A. 实现自我价值

B. 满足个人兴趣和意愿

C. 获得社会地位和声望

D. 提升自我综合素质，为日后发展做准备

E. 可以有更好的物质生活

F. 缓解就业压力，解决就业问题

18. 您身边正在创业的人多吗？（　　）

A. 很多　　B. 较多　　C. 较少　　D. 没有

19. 您对大学生创业所持的态度是（　　）

A. 支持，对社会有积极的影响

B. 对此问题没有太多的关注

C. 不太赞同，学生应以学业为主

D. 创业风险大，应选择稳定的工作

20. 您的家庭对您创业所持的态度是（　　）

A. 非常不支持　　B. 不太支持　　C. 比较支持　　D. 支持

21. 您在毕业后的第一选择是（　　）

A. 直接就业　　B. 考研深造　　C. 考公务员或事业编

D. 出国留学　　E. 自主创业

22. 下列哪些因素会影响到您的创业倾向？（多选题）（　　）

A. 家庭经济状况　　B. 专业知识储备

C. 社会实践经验　　D. 社会氛围

E. 创业的成就感、经济回报与风险

F. 心理承受能力，如恐惧失败等

G. 个性特征，如冒险倾向、性格外向等

H. 政府的政策支持

I. 个人背景因素，如年龄、学历层次等

J. 高校创新创业教育环境

23. 您如果有了自己的创新创业想法，是否会去实现？（　　）

A. 马上会执行，要把握住创业机会

B. 犹豫不决，考虑是否具有现实可行性

C. 不敢付诸实践，害怕创业失败

D. 一定不会，倾向于选择稳定可靠的工作

24. 您创业的想法来源于（多选题）（　　）

A. 家庭影响　　B. 同辈群体影响

C. 自身兴趣　　D. 国家政策

E. 社会氛围

25. 您对中央政府和广西地方政府出台的扶持政策了解吗？（　　）

A. 经常关注，十分了解　　B. 偶尔关注，比较了解

C. 不太关注，知道一点　　D. 一点也不清楚

26. 您认为大学生在创新创业的过程中存在的阻碍有（多选题）（　　）

A. 缺乏资金支持　　B. 家庭反对创业

C. 心理承受能力　　D. 专业知识储备不够

E. 社会实践经验不足　　F. 创业存在的风险

G. 对好的创业机会的识别　　H. 缺乏社会支持

27. 您认为创新创业课程是否能满足您的需求？（　　）

A. 能满足　　B. 比较能满足

C. 一般　　D. 不能满足

28. 您认为教师在创新创业教育中的作用如何？（　　）

A. 作用很大，教学效果很好　　B. 作用较大，教学效果良好

C. 作用一般，教学效果一般　　D. 作用较小，教学效果较差

E. 没什么作用，教学效果差

29. 您学校开设的创新课程有哪些？（不定项题）（　　）

A. 逻辑思维与创新　　B. 创新思维开发

C. 大学生创新基础　　D. 创新思维训练

E. 创新精神与实践　　F. 创造性思维与创新方法

G. 产品创新与管理　　H. 其他

30. 学校开设的创新创业课程对您的帮助大吗？（　　）

A. 帮助很大，实施效果很好　　B. 帮助较大，实施效果较好

C. 帮助一般，实施效果一般　　D. 没什么帮助，实施效果不好

31. 您认为学校开设的创新创业课程是否与专业相关？（　　）

A. 相关　　B. 比较相关

C. 不太相关　　　　D. 不相关

32. 您觉得学校的创新创业氛围怎么样？（　　）

A. 浓厚　　　　B. 比较浓厚

C. 不太浓厚　　　　D. 不浓厚

33. 您学校创新创业教育开展的活动有（多选题）（　　）

A. 创新创业课　　　　B. 各类学科的创新创业竞赛

C. 创业讲座、沙龙　　　　D. 创业园区举办的活动

E. 创业孵化基地　　　　F. 其他

34. 您参加过学校举办的创新创业活动吗？（　　）

A. 参加过　　　　B. 没有参加过

35. 您认为哪种创新创业教育的形式效果较好？（多选题）（　　）

A. 选修形式的创新创业课　　　　B. 必修形式的创新创业课

C. 各学科的创新创业竞赛　　　　D. 创新创业的讲座、沙龙

E. 创业园区的各类活动　　　　F. 创业孵化基地

36. 您认为下列哪种方式可以提升大学生的创新创业能力？（多选题）（　　）

A. 学校开设创新创业课程　　　　B. 参加创新创业大赛

C. 加强专业知识和技能学习　　　　D. 参与社会实践

E. 创业成功人士进校园分享经验　　　　F. 参加创新创业项目

37. 您认为影响学校创新创业教育成效的因素主要有（多选题）（　　）

A. 学校相关部门的执行力度　　　　B. 师资水平

C. 政府政策支持力度　　　　D. 学生的创新创业意识和能力

E. 创业孵化基地的创立　　　　F. 经费支持

G. 创新创业教育体系　　　　H. 其他

三、劳动力市场需求

38. 您了解劳动力市场吗？（　　）

A. 不了解　　B. 不太了解　　C. 比较了解　　D. 了解

39. 您知道劳动力市场有怎样的需求吗？（　　）

A. 不知道　　B. 不太知道　　C. 比较清楚　　D. 知道

40. 您认为创新创业教育对劳动力市场需求有影响吗？（　　）

A. 没有影响　　B. 影响不大　　C. 影响较大　　D. 影响很大

41. 您认为高校创新创业教育对人才培养质量有影响吗？（　　）

A. 没有影响　　B. 影响不大　　C. 影响较大　　D. 影响很大

42. 您认为您所学的课程与您今后在就业（创业）关系大吗？

（　　）

A. 没有关系　　B. 关系不大　　C. 关系比较大　D. 关系很大

43. 您认为您的学校在专业人才培养方案上与劳动力市场需求的结合程度如何？（　　）

A. 严重脱节，与劳动力市场没有关系

B. 脱节，与劳动力市场关系不大

C. 比较脱节，与劳动力市场结合不够紧密

D. 联系紧密，与劳动力市场相结合

44. 您认为影响高校人才培养质量的主要因素是（多选题）（　　）

A. 师资力量　　B. 课程设置

C. 实践平台　　D. 创新创业教育

E. 校园文化　　F. 资金投入

G. 学生投入　　H. 奖助政策

I. 自由环境　　　　J. 其他

45. 您认为劳动力市场的招聘方最看重求职者具备什么样的素养和能力？（多选题，请按重要顺序排序）（　　　）

A. 创新创业能力　　　　B. 吃苦耐劳、踏实敬业

C. 专业能力　　　　D. 沟通能力

E. 工作经历和经验　　　　F. 忠诚度

46. 在劳动力市场上，您认为您最欠缺什么样能力？（　　　）

A. 专业能力　　　　B. 沟通和协调能力

C. 创新创业能力　　　　D. 变通能力

E. 组织和管理能力　　　　F. 自我推销能力

G. 其他

47. 您对您当前的专业教育满意吗？（　　　）

A. 满意　　　　B. 比较满意

C. 不太满意　　　　D. 不满意

48. 您对高校人才培养质量是否满意？（　　　）

A. 满意　　　　B. 比较满意

C. 不太满意　　　　D. 不满意

四、开放性问题

49. 您对创新创业教育有什么看法或建议？

50. 您认为高校在人才培养上存在哪些不足？

51. 您怎样看待专业教育与劳动力市场之间的关系？

52. 您认为当前劳动力市场最需求什么样的专业和人才？

53. 您在大学期间获得过哪些证书？您觉得哪些证书比较重要？